일본요리의 역사

차례

Contents

일본요리란?

일본요리의 여러 가지 형태

먼저 일본의 저명한 사학자인 구마쿠라 이사오(熊倉功夫) 씨의 말을 잠시 인용할까 한다. 그는 『일본요리의 역사』라는 저서를 통해 "일본요리는 분명하게 정의되고 정립되어 있지 않다. 확실하게 정의되고 정립되어 있는 것처럼 알려져 있지만 실은 명확하게 정의되어 있지 않다는 것이 많은 이들의 공통된 의견이다. 간단히 이야기해서 확실히 정의되어 있지 않음을 알면서도 그냥 모른 체 지내고 있다고 평하는 게 맞을 것이다."라고 이야기한다.

일본에서의 라면이나 불고기는 중국이나 한국에서의 다른

독특한 맛을 가지고 있으나 이를 일본요리에 포함시키는 사람은 많지 않을 것이다. 초밥 전문가들은 캘리포니아 롤을 초밥의 일종으로 인정하지 않지만 요즘 젊은이들은 이를 맛있는 초밥의 한 종류라고 생각하는 것과 같기도 하다. 이러한 이론을 반대로 생각해보아도 마찬가지다. 물론 "일본 사람이 만들면 모두 일본요리다."라는 극단적인 의견도 있고 "일본요리를 굳이 정의할 필요는 없다."고 한다면 이 또한 하나의 의견으로 인정하지 않을 수 없다. 요리는 시시각각 변하기 때문에 '살아 있는 물체'에 비유할 수 있다. 일본인들조차 '진짜 일본요리는 이것이다.'라고 단정 짓기 힘들다. 설령 할 수 있다 해도 그 정의가 정확하다고 말할 수 있을까?

지금 세계에서는 일본요리 붐이 일어나고 있다. 세계 어디에서도 일본어로 된 간판을 단 일본식 식당을 쉽게 찾을 수 있다. 전 세계에 일본식 식당은 몇 개나 성업 중일까? 일본 정부조차 정확한 통계자료를 갖고 있진 않지만 약 2만~2만 4천 여 점포가 세계에 분포되어 있지 않을까 추산하고 있다. 이 일본 식당들의 속을 들여다보면 과거에는 거의 일본인 경영진과 일본인 전문조리사로 이루어져 있었으나 지금은 그렇지 않다. 다른 분야와 마찬가지로 일본인 조리사와 일본인 전문 경영인도 빠른 속도로 줄고 있다. 동아시아 쪽에서는 그 지역 사람들이 직접 일본식 식당을 경영하는 경우가 많다. 서구에서도 마찬가지 현상이 벌어지고 있다. 더 안타까운 일은 일본어로 된 간판을 걸고 영업 중이지만 실제 메뉴는 그렇지 않다는 것이다. 약간의 일본요리 냄새가 날 뿐 자기 나라 요리를 메뉴에 올려 판매하는 경우가 더 많다.

일본의 농림수산장관이 외국에 나갔다가 갑자기 초밥을 먹고 싶어 일본식 식당을 찾았는데 초밥과 김치찌개가 함께 나와 깜짝 놀란 일이 있다고 한다. 그래서 좀 더 확실한 자국적의 일본요리 전문식당을 만들어 적극 홍보하고 추천해야겠다는 생각이 들었으며 이때부터 정통 일본요리의 세계화 검토를 시작했다고 한다. 물론 현지 음식을 함께 팔아도 문제될 건 없지만 "메뉴 선정의 기준이 되는 일본요리는 과연 무엇인가?"라는 질문은 받아 마땅하다. 일본요리에 대한 기준이 모호하기 때문이다. 일본요리를 다루는 식당뿐만 아니다. 일본요리를 즐기고 좋아하는 사람들도 "진정한 일본요리는 무엇인가?"라고 묻는 일이 잦아졌다. 여러 가지 요리가 혼합되어 딱히 어느 국적의 요리라고 단정 지어 말할 수 없는 새로운 요리들이 전 세계적으로 인기를 얻고 있는 현상이 그 원인이 아닌가 한다.

일본요리를 잘하는 곳이라고 하여 찾아가 요리를 추천해 달라 하니 일본식 스테이크를 추천해주는 경우도 있다. 하지만 스테이크가 서양요리이지 일본요리는 아니지 않나? 다시 말해 서양요리가 일본요리화 된 것이지 일본요리가 서양요리화 된 것은 아니라는 것이다. 한편 최근 일본 식당들도 퓨전 식당의 형태로 성황을 이루고 있다. 이 또한 국제화와 세계화의 영향이다. 많은 사람들이 세계 각국을 여행하면서 여러 가지 식문화를 체험하고 체득한 정보를 통해 자신들의 식문화를 바꾸고 있는 것이다. 다시 말해 자국의 먹을거리가 가진 고유의 특성을 누구나 변형·보급할 수 있는 가능성을 갖고 있는 것이다.

일본요리의 한 예로 흰살 생선의 초밥 위에 타바스코 소스를 첨가하고 색깔 있는 채소를 위에 올리는 등 강하게 시선을 끌어 일단 시각적으로 이국인들의 취향을 맞추는 것을 예로 들 수 있다. 필자는 이러한 요리를 만드는 점포의 지점이 일본의 도쿄 한복판에 있다고 해도 같은 맛으로 일본 젊은이들의 인기를 끌 수 있을 거라 장담한다. 이것이 바로 글로벌화·세계화로 만들어진 혼합문화의 한 단편이다.

이러한 현상은 일본 내에서 '화식(和食: 일본식 요리)'이라고 불리는 요리에서도 나타난다. 학교급식의 메뉴조차 화식과 양식, 중식이 뒤섞여 있는데 그 절충식까지는 이해할 수 있으나 필자가 보기에는 아주 기묘한 혼란스러움이 동시에 존재하는 것처럼 보인다. 일반 가정의 식탁 위에도 상황은 마찬가지다. 이렇게 혼합된 식문화가 앞으로 더욱 성행한다면 "진정한 일본요리는 무엇인가?"라는 질문에 전문가들은 어떻게 답을 할 수 있을까? 먹을거리에 대한 바른 교육이 시급한 요즘, 화식의 기준을 마련하는 일은 그중 우선순위다. 무엇보다 일본 식문화의 특성부터 확실히 잡아야 한다는 얘기다.

일본요리의 새 틀을 만들다.

일본요리의 기준을 잡기 위해서는 먼저 맛과 기호, 조리기구와 그릇, 서비스와 환경, 식재료와 영양 등의 요소에서부터 일본요리다움을 추구해야 한다. 예를 들어 '자포니카(japonica)'라는 쌀 품종은 일본의 자부심이라고 불릴 만큼 일본 최고의 쌀로 꼽히는데 이 쌀로 지은 밥의 기분 좋은 식감은 일본인들을 매료시킨다. 또 편도(便刀)의 칼을 사용하는 기술, 일본요리를 먹는 방법, 가니쉬(garnish: 음식물을 보기 좋게 장식하는 것)의 사용방법 등을 일본요리다움으로 말할 수 있다. 그러나 한편으론 '일본의 독자적인 성격이라고 부르기에는 역부족이 아닐까' 하는 생각도 든다. 최근에는 유럽요리는 물론 동아시아에도 이와 유사한 점이 많아 모든 사람이 동의하기는 힘들지 않을까? 결국 이러한 요소들조차 일본사람들을 납득시키는 데 "이것이 일본요리다."라는 근거가 되기는 역부족이다.

그래서 명쾌한 선을 긋기 위해 역사적으로 구분하는 것도 좋은 방법이라 생각한다. 흔히 에도(江戶)시대 말기에 성립된 요리를 좁은 의미의 일본요리로 인식한다. 이러한 기준에서는 당시 일본이라는 의식이 없었던 오키나와(沖繩) 문화와 아이누(Ainu: 홋카이도와 러시아의 쿠릴 열도 등지에 분포하는 소수민족) 문화의 음식은 제외하는 것이 좋다. 넓은 의미의 일본요리는 문명개화 시기에서부터 제2차 세계대전 이전 일상적이었던 화양(和洋)식 절충요리까지 아우르는 것으로 여기에는 오키나와와 북해도(北海道) 요리까지 포함된다. 하지만 물론 이것은 어디까지나 하나의 기준이며 모두가 이에 동의할 수 있어야 의미가 있다.

그래서 필자는 현재 일본인이 먹고 있는 요리를 기준으로 하여 그 거리감을 파악하는 것이 좋다고 생각한다. 앞서 언급한 것처럼 맛과 기호, 식재료와 영양 등에서 일본식의 요소를 갖춘다면 더 좋을 것이고 그다음에 좁은 의미로 하면 여기까지, 넓은 의미로 하면 저기까지라고 잘라 말할 수 있는 수준이 되면 좋겠다. 그러한 차원에서 요리 어디에 새로운 창조성이 있고 어디에 개선점이 있는가를 인식하는 것이 좋을 것 같다.

이 책에서 일본요리라 함은 교토의 요리문화를 한정해서 서술한 것이며 현대와 관계된 내용은 상대적으로 자세히 서술하지 않았다. 그러나 앞서 얘기한 일본요리의 기준을 생각하기 위한 하나의 소재로 인식하고 읽어주면 좋겠다. 이러한 기준 가운데 지킬 것은 지키고 여기에 새로운 아이디어를 첨가한다면 21세기의 일본식 문화를 창조하는 데 큰 도움이 되리라 생각한다.

동서의 맛

화려함과 부드러움

동서(東西)의 두 가지 맛

일본을 동서로 나눠 맛의 특징을 표현한다면 관서(關西)지방의 연한 맛(薄味, 薄口: 우수아지, 우수구치), 관동(關東)지방의 진한 맛(濃味, 濃口: 고이아지, 고이구치)으로 나눌 수 있다. 이 두 지역의 특징적인 맛을 지금은 거의 구별할 수 없게 되었지만 과거에는 일본을 양분하는 맛으로 엄연히 그 차이가 존재했다. 관서지방에서는 재료가 갖고 있는 본래의 맛을 최대한 살리는 것이 조리의 기본이기 때문에 조미에 의존하지 않는다. 하지만 관동지방에서는 재료가 가진 맛을 한층 강조하기 위해 조미의 힘을

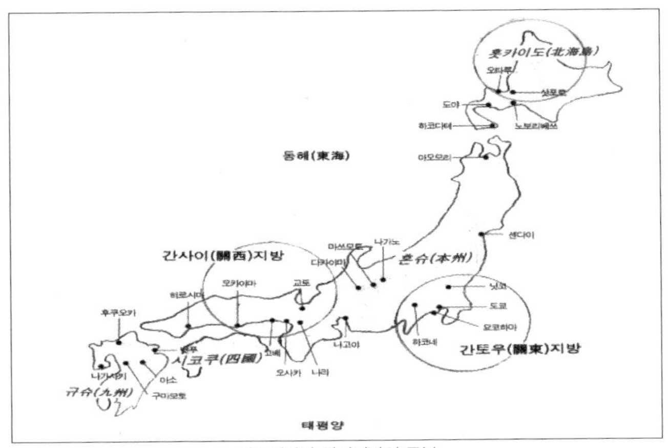

관동지방과 관서지방의 구분

빌렸다. 그 결과 동서 맛의 차이가 생겨난 것이다. 일본요리는 '생선과 야채의 요리'라고 부를 정도로 이 두 가지 요리 재료가 맛에 미치는 영향은 크다. 따라서 그 지역에서 어떠한 생선이 잡히는가, 그 질은 어떠한가가 중요한 요소이며 재료의 질이야말로 그 지역 특유의 맛을 키울 수 있는 비밀로 작용하는 것이다.

교토(京都)의 소금 간을 한 생선, 에도(江戶)의 선어

교토는 사방이 산으로 둘러싸인 분지 도시다. 바다가 멀리 떨어져 있어 교통수단이 발달하지 않은 시절에는 신선한 활어를 접하기 힘든 곳이었다. 지금은 수송수단의 발달로 여느 도시와 별 차이가 없지만 쇼와(1926~1989. 쇼와 천황의 재위기간) 초반까지는 선어(鮮魚)의 입하가 힘들어 요리에 쓸 생선은 오로지 와카사(若狭: 지금의 후쿠이현 남서부) 지방으로부터 들어오는 소금 간을 한 생선에 의존했다. 물론 선어가 없기도 했지만 입하량이 너무 적어 교토에서 사용되는 생선은 생산량 중 극히 일부에 지나지 않았다.

한편 에도(江戸: 도쿄의 옛 이름)는 바다에 인접한 도시다. 도쿠가와 이에야스(德川家康)가 정권을 잡고 처음 발을 내딛었을 당시만 해도 에도는 아직 가난한 지역에 지나지 않았다. 하지만 100년도 채 지나지 않아 항구가 정비되고 일본 정치의 중심지로 발전하면서 어패류의 집산지로 흔들리지 않는 지위를 구축해나갔다. 에도에서 생선이라고 하면 그것은 응당 선어를 이르는 말로 양이나 질적인 면에서 교토의 생선과는 비교할 수 없을 정도로 풍부한 재료의 은혜를 입었다. 생선만 놓고 봐도 교토에서는 소금 간을 한 생선, 에도에는 선어라는 차이가 존재했다.

교토 채소의 가치

채소만 놓고 보자면 교토가 압도적으로 뛰어나다. 예로부터 교토의 채소는 일본 채소 중에서도 특별히 좋은 것으로 여겼다. 교토는 천년의 왕성지로 오랜 기간 일본 정치와 문화의 중심지였다. 그리고 귀족의 땅이자 승려들의 땅이었으며 이들 특권 계급을 둘러싼 많은 이들이 함께 사는 곳이기도 했다. 따라서 지방과의 문물 교류도 왕성하여 요리재료의 유입도 활발히

이루어졌다. 그러나 채소는 시간을 많이 들여 수송해 올 수 없었기 때문에 교토 내에서 직접 재배·소비하는 방식이 필요했다. 교토 채소가 정착, 발전할 수 있었던 사회적인 배경이 여기에 있다. 더욱이 사원의 고장이기도 한 교토에서는 비린내 나는 음식을 금기시하고 정진(精進)요리를 소중히 여기는 일종의 문화적 제약이 있었기 때문에 우수한 채소를 발전시키는 데 큰 원동력으로 작용했다. 특히 교토의 채소에는 다른 지역의 채소의 재배 과정에는 와 달리 맛과 영양이 풍부한데 이는 좁은 땅덩어리에서 가능한 많은 수확을 하기 위해 재배기술을 혁신하는 등 채소 재배에 대해 남다른 애착을 가졌기 때문이다. 순무나 무, 오이, 가지, 토란, 우엉, 파 등 교토 채소의 단골이라고 할 수 있는 이들 채소의 재배 과정에는 수많은 사람들의 땀과 노고, 기술혁신의 역사가 숨어있다. 지금도 교토에서는 무를 '오다이(おだい)'라고 부른다. 대두를 '오마메상(お豆さん)'이라고 부르는 것처럼 채소에 '오(お)'라는 존경접두어를 붙여서 부르는 것이다. 아마도 정성스럽게 키운 농산물에 대한 애착의 표현이 아닐까 생각한다. 사실 어패류나 채소 모두 자연이 주는 은혜의 일종이지만 어패류와 달리 채소는 자연발생적으로만 생겨난 것이 아니다. 채소에는 사랑으로 뒷받침되는 인위적인 힘도 크게 작용하고 있다. 그러한 경외의 마음이 채소 이름에 존경접두어를 붙이게 만드는 것이다.

반면 에도는 근세에 접어들면서 인공적으로 만들어지고 발전한 도시다. 아무 것도 없던 땅에 어느 날 갑자기 정치 중심지로서의 사명이 주어진 마을이 하나 출현했는데 그것이 바로 에도라는 지역이다. 신흥도시에 우선적으로 필요한 것은 충분한 인구였고, 특히 그곳이 정치의 중심지라면 균형 잡힌 발전보다는 활기가 더 필요했을 것이다. 이 급조된 도시에 전통산업이 비집고 들어갈 틈은 없었다. 채소 재배는 일종의 전통산업이다. 따라서 에도에 채소 재배가 적극 확산될 수 없었던 이유는 쉽게 이해할 수 있을 것이다. 또 에도의 채소가 맛이 떨어지는 이유는 교토의 채소만큼 수요가 많지 않았기 때문이기도 하다. 물론 교토가 점토질 토양을 가진 데 반해 에도 대부분이 화산재 토양을 가진 차이도 있을 것이다. 결국 에도는 선어 중심의 도시가 될 수밖에 없었으며 채소는 부수적인 위치를 점하는 데 만족해야 했고, 이러한 특징들이 근세에서 근대까지 에도의 요리재료 구도를 형성시킨 배경이었다.

교토(京都)의 요리, 도쿄(東京)의 요리

어패류와 채소의 차이가 이 두 지역의 요리에 미친 영향은 생각보다 크다. 좀 더 알기 쉽게 설명하기 위해 도미(鯛)를 재료로 한 식단을 예로 들어보자. 물론 요릿집 식단이 이처럼 도미만을 사용한 것은 아니며 요리 자체에도 약간의 무리가 따른다는 점을 감안하여 독자의 이해를 돕기 위해 도미로만 식단을 꾸며보았다.

	교토(京都)	도쿄(東京)
맑은 국	도미 두부(鯛眞薯)의 맑은 국	구운 도미(鯛燒)를 넣은 맑은 국
회	다시마 절임 후 얇게 저민 도미 + 네모나게 자른 햇꽁치 + 석이버섯	도미의 마쓰카와즈쿠리 + 참치회(사각썰기) + 무 + 꽃오이(丸胡瓜)
조림	도미와 머위조림 + 망우초 + 산초 새순	도미조림과 우엉조림
구이	도미 겐친무시 (조미한 재료를 두부와 혼합해 기름에 튀기고 유자간장을 발라 구운 것)	도미와 두부를 혼합한 구이

우선 맑은 국(吸い物)을 보면 교토는 도미의 살을 으깬 다음 계란을 풀고 섞어서 쪄낸 것, 즉 도미가 들어간 달걀두부를 사용한다. 도쿄에서는 구운 도미조각을 넣고 맑은 국을 끓인다. 교토에서 으깬 살을 사용하는 것은 다른 지방으로부터 이미 소금이 한 번 뿌려진 상태의 생선을 공급받았던 데서 시작된 잔재다. 도쿄의 경우에는 당연히 선어를 으깨서 사용하지 않는다.

회(刺身)의 경우 교토는 얇게 저민 도미의 다시마 절임(소금에 약간 절인 도미를 다시마로 눌러 맛을 들인 것)에 살짝 소금을 뿌린 후 회를 뜨는 정법을 사용한다. 이는 다시마로 눌러서 선어가 아닌 도미에 색다른 맛을 곁들이는 데 의미가 있다. 살짝 소금을 뿌리는 것은 도미가 단단하게 수축되어 도톰하게 자르는 히라즈쿠리(平切り, ひらずくり: 두꺼운 쪽을 향해 왼손으로 살을 누르고 오른쪽부터 자르는 방법)가 힘들기 때문에 얇게 저미듯 자르는 것이다. 도쿄의 마쓰카와즈쿠리(まつかわずくり: 도미의 껍질 쪽에 뜨거운 물을 붓거나 표피를 불로 살짝 가열한 후 얼음물에 담가 자른 회)는 물론 히라즈쿠리(平切り)다. 선어의 맛을 있는 그대로 표현하기 위해 끓는 물을 뿌려 껍질만 살짝 익힌 후 도톰하게 자른다. 예로부터 에도의 생선회는 히라즈쿠리로 대표되며 교토의 회는 얇게 저민 것이 주류를 이뤘는데, 선어와 소금 간을 한 생선이 주재료였던 것이 지금까지 영향을 미치고 있다.

조림(煮物)의 경우 교토는 도미와 머위(蕗)조림인데 여기에서 도미는 주역이 아니며 맛을 좌우하는 것은 머위라는 채소다. 소금을 뿌린 도미는 머위라는 채소에 의해 색다른 맛을 지닌 재료로 다시 태어나는 것이다. 이는 도쿄의 도미조림과 비교해 보면 알 수 있다. 도쿄의 도미조림은 반드시 선어를 사용해야 맛을 제대로 낼 수 있어 도미 이외의 그 무엇도 들어가지 않는다. 우엉(牛蒡)이 아주 소량 들어가긴 하지만 다른 채소로 바꿔도 무방하고 주역인 도미만큼은 바뀌지 않는다. 구이(焼き)의 경우도 교토에서는 도미 도막을 튀긴 후 간장소스를 발라 구워 낸 것이며 도쿄는 작은 도미 한 마리를 통째로 구워낸다.

이 두 개의 식단을 기준으로 교토(관서)와 도쿄 요리(관동)의 주된 차이를 살펴보면 다음과 같다.

① 교토의 요리는 양이 적고 도쿄는 많다.

② 교토는 만드는 법이 섬세하나 도쿄는 자유분방하다.

③ 교토는 도미를 사용하더라도 도미의 형태가 보이지 않는 경우도 있으나 도쿄의 경우에는 어느 요리에서나 도미의 형태를 알 수 있다.

④ 교토의 요리에는 화려한 것도 얌전한 것도 있으나 도쿄의 경우 화려함이 일정하다.

이중에서 ③과 ④에서 보이는 차이는 식단의 흐름 속에 색채의 톤이 있는 것이 교토의 요리, 없는 것이 도쿄의 요리라고 바꿔 말할 수도 있다. 교토에서 도미를 사용하는 것을 보면 어느 요리에서는 도미를 으깨 도미 자체의 형태를 보여주지 않는 것이 있는가 하면 어떠한 경우에는 도미를 전면에 있는 그대로 드러내는 경우도 있어 겉모양의 변화를 주고 있다. 맑은 국에서 구이에 이르기까지 교토의 식단 중 도미를 드러내는 정도를 살펴보면 도미를 드러내지 않는 음(陰)의 요리와 도미를 그대로 보여주는 양(陽)의 요리의 반복임을 알 수 있다. 이 음양의 반복이야말로 교토 요리의 가장 큰 특징이라고 해도 좋을 것이다. 이에 반해 도쿄의 요리는 모두 양의 요리만으로 식단이 짜여 있다. 즉 음양의 변화가 없는 모두 동일한 톤으로 이루어진 것이 특징이다.

맛 돋우기

앞서 '관서지방의 연한 맛, 관동지방의 진한 맛'이라고 말한 바 있는데 이는 조미 그 자체의 농담(濃淡)을 말하는 것이 아니라 조미에 설탕이나 맛술(味淋)의 사용으로 인해 달고 새콤한 맛의 차이를 말하는 것이다. 교토에서는 설탕은 물론 미림도 별로 사용하지 않는다. 대신 소금을 사용한다. 설탕과 맛술 등은 재료가 본래 갖고 있는 맛을 덮어버리지만 소금은 재료의 맛을 이끌어내는 힘을 갖고 있다.

교토에는 단맛이 나는 뛰어난 채소들이 있다. 재료 자체의 맛이 뛰어나다면 굳이 설탕이나 맛술을 사용하는 것보다 소금을 이용해서 그 재료가 가진 맛을 이끌어내는 편이 바람직하기 때문에 이러한 차원에서 감미료를 많이 사용하지 않는 연한 맛의 교토식 요리가 탄생한 것이다. 즉 교토에서 연한 맛의 조미가 발달한 배경에는 우수한 교토 채소의 존재가 있는 것이다. 한편 도쿄의 진한 맛은 주로 설탕을 위주로 한 조미다. 설탕을 많이 사용하기 때문에 필연적으로 간장도 많이 사용하게 되고, 따라서 재료가 갖고 있는 맛을 무시하면서까지 조미의 힘을 빌리는 소위 진한 조미가 생겨났다. 도쿄의 진한 간은 에도의 신흥도시에서 생활하는 사람들의 활력이 적지 않게 작용한 것이기도 하지만 선어를 가진 데 반해 맛좋은 채소가 없었던 것 또한 큰 이유가 아닐까 생각한다. 채소의 맛이 뛰어나지 않기 때문에 조미의 힘으로 그 공백을 메울 수밖에 없었던 것이다.

예로부터 '숨 막히는 조림은 만들지 말라.'는 말이 있다. 교토에는 도미와 순무조림, 도미와 우엉조림 등 생선과 채소를 조합시킨 조림이 수없이 많다. 또 곁들이는 채소에 따라 생선의 맛이 각각 달라지는데 이것이 교토 요리의 특징이다. 같은 도미를 사용하더라도 도미의 맛에서 차이가 난다. 이것은 채소가 갖고 있는 본래의 맛을 조미의 힘으로 눌러버리는 것이 아니라 채소로 하여금 자유롭게 맛을 낼 수 있도록 하기 때문이다. 조미를 중시하다보면 종종 획일적인 맛으로 흐르기 쉬운데, 그러한 획일적인 맛의 조림을 만들어서는 안 된다는 의미에서 '숨 막히는 조림은 만들지 말라.'는 말이 생겨난 것이다.

결국 조미에 대한 이러한 기본적인 생각의 차이가 조리 전체, 나아가 식단의 흐름에까지 영향을 미쳐 앞서 열거한 음영이 풍부한 교토 요리를 만들어낸 것이다. 재료의 질이 그 지역의 요리에 미치는 영향은 헤아릴 수 없을 정도로 크다는 사실을 다시 한 번 유념해야 할 것이다.

가이세키 요리와 자가이세키 요리

모방이 아닌 본질적인 이해

현대 고급 일식 요릿집에서 내고 있는 정식 코스 요리를 일반적으로 '가이세키 요리'라고 부른다. 이 가이세키 요리(會席料理: 회석 요리)는 다도(茶道) 요리인 자가이세키 요리(茶懷石料理: 차회석 요리)의 영향을 받아 발달했다. 요릿집 요리인 가이세키 요리가 다도 요리인 자가이세키 요리에서 받은 영향은 무엇인가? 가이세키 요리가 자가이세키 요리로부터 무엇을 배워야 하고 무엇을 추구해야 하는지에 대한 확실한 인식은 향후 요릿집 요리의 방향을 제시하는 데도 도움이 될 것이다.

가이세키 요리는 에도 문화문정(文化文政: 독보적인 도회지 문화가 꽃핀 시기, 1804~1829) 시절에 본격적으로 요리를 가지고 장사하는 가게가 출현하면서 시작됐다. 당시 식단의 견본을 자가이세키 요리에서 찾았기 때문에 두 식단의 형식은 매우 유사하다. 그 식단의 순서는 대략 다음과 같다.

〈가이세키 요리〉

① 전채(前菜) ② 스이모노(吸物: 맑은 국) ③ 회(刺身)

④ 조림(煮物) ⑤ 구이(燒物) ⑥ 토메완(止め椀: 국)

⑦ 토메자카나(止め肴: 안주) ⑧ 밥(飯) ⑨ 국(汁: 된장국)

⑩ 일본 김치(香の物)

〈자가이세키 요리〉

① 회나 초 요리(向付), 밥(飯), 국(汁: 된장국)

② 니모노완(煮物椀: 맑은 국물 요리)

③ 구이(燒物), ④ 아즈케바치(預鉢: 간단한 안주)

⑤ 하시아라이(箸洗: 입가심용 국) ⑥ 핫슨(八寸: 중심요리)

⑦ 시이자카나(强肴: 기본식단 외의 안주)

⑧ 더운 물통과 야채절임

이중에서 식단의 중심을 이루는 1즙 3채(一汁三菜)는 가이세키 요리에서 스이모노와 회, 조림, 구이로 이루어지고 자가이세키 요리에서는 회나 초 요리, 국, 니모노완, 구이로 이루어진다. 다른 요리는 추가적인 요리에 지나지 않는다. 이 식단의 흐름

중에서 가장 큰 차이는 밥과 국을 내오는 순서다. 밥과 국을 식단 마지막에 내오는 것이 가이세키 요리이며 밥과 국의 이러한 순서상 차이가 가이세키 요리와 자가이세키 요리의 성격상 차이를 단적으로 말해준다.

가이세키 요리는 술이 함께 하는 요리

자가이세키 요리는 다회(茶會)의 요리이다. 다회의 목적은 진한 차를 맛있게 마시기 위해 배를 채우는 요리, 그것이 자가이세키다. 현대의 와비차(자연스럽고 소박함을 추구하는 다도)는 아즈치모모야마(安土桃山) 시대 센리큐(千利休)에 의해 집대성되어 차요리의 기본이 된 것으로 1즙 3채(一汁三菜)를 중심으로 한다. 와비차에서는 한 번에 세 잔을 넘어서는 안 된다고 말하며 화려하고 황홀함에 빠지는 것을 경계하고 검소한 것으로 돌아가야 한다고 주장한다.

이에 비해 가이세키 요리는 원래 술에 따라 붙는 요리다. 요리의 기본 위에 술이 있으며 술을 염두에 둔 상태에서의 요리로 출발했다. 어떻게 하면 술을 맛있게 마실 수 있을까? 이를 위해 이렇게 저렇게 연구한 요리, 그것이 가이세키 요리였다. 형식의 대부분을 자가이세키에게 내주긴 했지만 밥과 국을 가장 마지막에 내놓는 것은 이 요리가 술에 따라붙는 요리에서 발안되었음을 확인시켜 준다.

자가이세키 요리와 관련된 제약

지금은 전문 조리사가 자가이세키 요리를 만들지만 원래 자가이세키는 다회(茶會)를 개최하는 주인이 손수 만드는 요리다. 다도인으로서 주인이 손님을 초대해 모임을 마련하고 정성을 다해 음식을 만들어 베푸는 것이다. 자가이세키는 요리는 만드는 방법에 있어 질이나 양적인 면에서 엄격한 제약이 따른다. 이를 간단하게 열거하면 다음과 같다.

① 제철 재료를 사용한다.
② 요리는 갓 만든 것을 보기 좋게 내놓는다.
③ 배를 70% 정도 채울 정도로 소량으로 만든다.
④ 동일 재료를 두 번 사용하지 않는다.
⑤ 식물성 재료인 잎, 줄기, 열매, 뿌리 등을 두 번 사용하지 않는다.
⑥ 조미는 연한 맛을 기본으로 하고 곁들이는 재료에 따라 맛의 기복이 없도록 한다.
⑦ 요리를 담는 그릇은 간소하면서도 차분하게 차의 기본 마음을 살리고 다회의 취향에 맞는 것을 엄선한다.

이러한 엄격한 제약을 지닌 자가이세키 요리를 요릿집에서 자신들의 가이세키 요리에 도입하고자 생각했을 때는 문외한으로서 막연하게 일종의 동경 같은 것이 있었을지도 모르겠다.

제약이 엄격하면 엄격할수록 모르는 사람들에게는 보다 매력적으로 보이는 법이다.

요리를 만드는 요령

그러나 자가이세키 요리가 가이세키 요리에 미친 영향 중에서 가장 큰 것은 그러한 분위기적인 면이 아니라 요리를 만들어 내는 요령에 있었다. 자가이세키 요리는 요리를 들고 나가는 타이밍을 중시하는 요리다. 타이밍에 맞도록 음식을 내기 위해서는 음식 만드는 요령이 좋아야 한다. 요리가 나간 후 손님이 다 먹을 때를 계산해서 다음 요리를 내가고 다 먹은 요리를 물리는 절묘한 타이밍이야말로 가이세키 요리가 자가이세키 요리로부터 배운 가장 중요한 점이었다. 참고로 일본 어느 차회 모임의 자가이세키 요리 요령을 한 번 살펴보자.

① 손님이 다 모였으면 구이용 숯을 화구에 넣고(화구1) 물 끓이는 불을 강하게 한 뒤 된장국의 물겨자(水辛子)를 만들고 구이를 꼬챙이에 꽂는다.
② 손님들이 대기실(노지에 있는 의자)로 나오면 밥을 짓기 시작한다(화구1). 된장국의 건더기를 끓이기 시작한다. 회를 담을 그릇을 물에 적신 후 회를 썰어 담기 시작한다.
③ 된장국을 불에 올려놓고 끓인다(화구2). 된장국의 건더기를 불에서 내린 후 완모리(椀盛り)를 올리고 숯 담아두는

그릇을 물릴 때까지 회를 썰어 담는다.

④ 숯 담는 그릇을 물리면 밥공기와 국그릇에 뜨거운 물을 붓는다. 쟁반을 늘어놓고 회를 담은 후 물에 적셔 놓은 젓가락의 물기를 닦아 함께 낸다.

⑤ 손님의 향합 배견(향을 피우고 절하는 일)이 끝나고 재떨이와 방석이 나오기까지 그 사이에 밥공기의 물을 다른 곳에 옮기고 물기를 닦은 후 밥을 퍼서 뚜껑을 닫고 쟁반에 올린다.

⑥ 생선회에 간장을 뿌린다. 국그릇에 담겨 있는 물을 다른 그릇에 옮기고 물기를 닦은 후 된장국의 건더기를 담고 국물을 부어 푼 겨자를 떨어뜨려 쟁반 위에 놓는다. 된장국의 남은 불에 완모리를 올려놓고 맑은 국물과 건더기를 젓는다(화구2).

⑦ 쟁반을 가지고 나온다. 된장국을 부은 후 술을 데워 먹을 수 있는 냄비를 준비하고 손님이 밥과 국을 먹을 시간을 고려해 냄비에 술을 부어 들고 나간다.

⑧ 밥공기의 물을 버리고 물기를 닦은 후 밥을 담는다. 국을 바꾸는 경우에는 주빈의 국그릇에서 다음 서열의 국그릇, 그리고 그다음 서열의 순서로 되돌아오기 때문에 주빈의 국을 교체하는 것은 다음 서열 손님의 그릇이 되돌아올 때까지의 사이에 신속하게 처리한다. 구이용 화구의 숯을 펼치고(화구1), 완모리의 그릇에 뜨거운 물을 붓는다.

⑨ 손님이 회와 된장국을 다 먹는 시간을 염두에 두고 완모

리의 그릇에 담겨 있는 물을 버리고 구이용 사발에 옮겨 완모리의 건더기와 국물을 담는다. 구이를 굽기 시작한다(화구1).

⑩ 밥그릇을 닦는다. 구이용 사발의 물을 버리고 구이를 담아낸다.

회와 밥, 국, 니모노완(완모리), 구이의 순서에만 한정하면 이렇게 된다. 손님의 동향을 추측하면서 좁은 다실에서 이 정도의 움직임을 소리 하나 내지 않고 원활하게 해내는 것이다. 요릿집이 또 하나 본받아야 할 것은 놀리지 않는 화구의 사용법이다. 여기에서 사용하는 것은 두 개의 화구와 하나의 뭉근한 불이다. 뭉근한 불은 물을 끓이고 된장국이나 완모리의 건더기를 조리기 위한 것이다. '화구1'은 밥과 구이, '화구2'는 된장국과 완모리를 위한 것이다. 세 명에서 다섯 명 정도의 요리를 두 개의 화구만으로 만들어내는 것이다. 요릿집에서는 이보다 좀 더 손님이 많은 것을 감안하더라도 이러한 요령을 배운다면 세 개의 화구로 이 모든 과정을 꾸려나갈 수 있을 것이다.

조림이나 구이 등의 요리가 일단락되면 불이 꺼지지 않도록 작은 숯을 넣어 두고 또 숯을 펼쳐 사용해서 모든 요리가 끝났을 때 불씨를 잔 숯을 넣어두는 항아리에 넣도록 하는 것이다.

가이세키 요리가 자가이세키 요리로부터 배운 것

지금은 너나 할 것 없이 자가이세키 요리를 하는 시대지만 태평양전쟁 이전까지 일반 요릿집에서는 자가이세키 요리라는 말조차 별로 들어본 적이 없다. 자가이세키 요리의 고향인 교토에서도 자가이세키 요리를 하는 곳은 '카키덴(柿傳)'이나 '효테이(瓢亭)'처럼 한정되어 겨우 10군데 정도밖에 없었다.

자가이세키 요리가 가이세키 요리에 미친 영향 중 바람직한 것은 앞에서 언급한 바와 같이 '화구의 효율적인 사용으로 요리를 만드는 요령'이다. 이 지혜를 체득함으로써 요릿집은 스마트한 요리를 만들 수 있게 되었고 접대가 가능해졌다. 그러나 자가이세키 요리에 무턱대고 심취한 나머지 가이세키 요리가 본래 갖고 있던 요리의 질을 잃어버린 측면도 있다. 가이세키 요리는 술을 맛있게 마시기 위한 요리로 요리 분량은 배를 80% 정도 채우는 것이 이상적이다. 그런데 진한 차를 맛있게 마시기 위해 70% 정도 배를 채우는 것을 이상적으로 여기고 있는 자가이세키 요리를 그대로 답습하고 이를 주먹구구식으로 해석한 나머지 소량의 음식을 품격 있게 내지 못하고 요리 그 자체가 초라해지게 된 것이다.

자가이세키 요리는 재료가 갖고 있는 맛을 전면에 드러내는 것을 우선으로 하며 오로지 연한 맛을 고수한다. 원래 술안주가 주류를 이루는 가이세키 요리는 진한 맛의 요리를 몇 개 끼워 넣어 맛의 기복을 고려해 만들어야 한다. 하지만 자가이세

키 요리를 흉내 내는 과정에서 술을 맛있게 마시기 위한 요리로서 갖고 있던 본연의 맛을 잃고 주연의 요리임에도 불구하고 평범한 요리의 나열로 흐르는 경향이 있다.

자가이세키 요리에서는 회와 밥, 국에서 시작해서 완모리까지 따로 곁들이는 것이 없다. 이것은 다도 요리로서의 자가이세키 요리가 고의로 맛의 기복을 주지 않기 위해 얼마나 신경을 썼는지를 보여주는 증거다. 이에 반해 가이세키 요리는 보여주는 요리임과 동시에 맛을 느끼게 해주는 요리이며 주 요리에 다른 요리를 곁들임으로써 술을 맛있게 하고, 요리에서 풍기는 화려함으로 술자리의 분위기를 고양시키려는 의도를 갖고 있다. 또 자가이세키 요리에 비해 제철보다 앞선 재료를 사용함으로써 손님을 기쁘게 할 수 있다. 그리고 재료의 두 번 사용을 금지한 자가이세키와 달리 무의 경우 무 하나, 도미라면 도미 한 마리를 하나의 식단 안에서 요령 있게 분배하는 재미도 있다.

자가이세키의 모방에 의해 발생한 악례는 그릇의 사용법에서도 볼 수 있다. 예를 들어 '1기 3양(一器三樣)'의 의미에 대한 해석 차이가 그것이다. '1기 3양'이란 하나의 그릇도 사용하기에 따라 세 가지 용도로 사용할 수 있다는 의미로 다회에서 처음 사용하기 시작한 말이다. 다도를 가르치는 다가(茶家)는 요릿집이 아니기 때문에 같은 그릇을 손님 수에 맞춰 보유하고 있지 못하다. 그 일례로 작은 사기잔 풍의 그릇을 회를 담을 때 사용해보기로 한 것이다. 이것이 잘 맞아떨어지면 예상외의 풍취를 느낄 수 있으며 차의 간소하고 차분한 마음과도 통해서 손님을 즐겁게 해준다. 이처럼 '1기 3양'이라는 그릇의 사용법은 소위 궁지의 일책으로서 고안된 것이며 충분히 그릇을 갖추고 있는 요릿집에서 이러한 사용법을 굳이 따라할 필요는 없다. 언젠가 코치(高知)의 요릿집에서 조림을 담은 그릇 바닥에 새우의 알을 얹어 내놓았는데 이러한 방법은 옳지 못하다. 요릿집 입장에서는 세련된 것처럼 여길지 모르지만 이는 흥을 깨는 요소밖에 될 수 없다.

자가이세키 요리에서는 10월을 추억하는 의미에서 모둠회라고 하여 여러 종류의 다른 회를 함께 곁들이는 경우가 있다. 이것은 손님 수만큼 전부에게 돌아가는 회는 아니지만 이름 있는 회를 몇 가지 함께 내면 보기에도 좋은 모둠회가 된다. 하지만 이것을 요릿집이 모방해서 별 볼일 없는 그릇에 함께 곁들여내는 것은 의미가 없다. 자가이세키 요리가 고상한 요리라고 하여 그것을 무턱대고 따라하다 오히려 이상한 가이세키 요리가 돼버린다면 문자 그대로 백해무익하다. 요릿집이 자가이세키 요리의 좋은 점을 본받고 스스로 가이세키 요리의 장점을 한층 발전시켜 나가겠다는 마음가짐을 갖는 것이 향후 요릿집 요리를 발전시켜 나가는 데 있어 중요한 요소일 것이다.

일본의 절기 요리인 오세치 요리

삼단으로 이루진 오세치(おせち) 요리

일본인에게 명절 중 가장 크게 생각하는 명절이 무엇이냐고 물으면 대개 첫해가 시작되는 신정인 정월 초하루를 꼽을 것이다. 초하루부터 삼일간 부인들이 물에 손을 넣지 않는다고 하여 신정은 특히 일본 여자들에게 일 년을 꼬박 기다리게 만드는 귀한 명절일지도 모른다. 집안일을 도맡아 하는 부인들이 이날 하루를 위해 일 년 내내 음식을 준비하고 삼일간 먹는다는 요리가 여기서 언급하는 신정 오세치(おせち) 요리인 것이다.

최근 우리나라에서는 연휴가 되면 해외 휴양지나 온천 등에서 시간을 보내는 사람들이 많아졌다. 일본도 다를 바가 없다.

오세치 요리의 예

일본에서도 태평양전쟁 전에는 특별한 이유가 없다면 으레 한 집안 식구들이 모두 모여 새롭게 시작되는 신년을 축하하는 것이 일반적인 풍습이었고 지금처럼 해외 휴양지나 관광지를 찾는 것은 생각조차 하지 못했다. 그러나 최근 젊은이들은 스키나 겨울 스포츠를 즐기기 위해 집을 나서고 집에는 늙은 노인 부부만 남게 되므로 신정이라고 하여 손님이라도 오게 되면 모든 일들이 불편해진다. 그래서 나이 드신 노부부마저 온천지나 관광지로 떠나게 되는 것이다.

옛날 같으면 식구들이 모여 연말 귀신을 쫓는 도소(屠蘇)라는 술을 마시고 지난해를 배웅하면서 메밀국수를 먹었을 것이다. 신정 연휴를 휴양지나 온천 등에서 보내고 있다가 정성스럽게 만들어진 오세치 요리나 일본식 떡국(雜煮)을 만난다면 그리움과 추억의 향수에 젖어 눈물 나는 기쁨을 만날 것이다.

오세치는 '오세치구(おせちく)'를 말하는 것으로 '일본의 모든 절기 명절에 제공되는 음식'이라는 뜻이었다. 사실 정월 초하루에 제공하는 음식만 지칭하는 것은 아니었는데 최근에는 정월에 만드는 요리로 정착되고 말았다. 명절 음식은 오래전부터 있

었으나 에도 시대에 들어오면서 오절기의 음식이 결정되었다. 오절기는 1월 7일(人日), 3월 3일(上巳), 5월 5일(端午), 7월 7일(七夕), 9월 9일(重陽)의 다섯 개 절기를 말한다. 1월 7일만 월과 일이 다른 것은 대부분의 중앙 정부 행사가 정초에 있어 그와 겹치지 않게 하기 위함이라 한다.

일본도 지금은 많이 핵가족화 되어 가족들이 모두 모여 명절을 보내기가 어려워졌고 젊은이와 나이 든 노인들의 식성이 달라 음식을 만들어 놓아도 잘 먹지 않는다. 오히려 여행지에서 제공되는 현대 기호에 맞춘 새로운 오세치 요리가 신년의 기분을 자아내게 하는 실정이 되고 만 것이다. 또 일류 백화점이나 유명 식당에서 수십 만 원씩 하는 비싼 오세치 요리가 많이 팔리는 것도 재미있는 현상이라 하겠다.

사실 요즘처럼 칼과 도마가 없는 가정이 많아진 도시 생활 속에서 이제 가정에서 만든 오세치 요리를 맛보는 것은 거의 불가능하다고 볼 수 있다. 그러나 아무리 그래도 관광지 식당 진열장에 진열된 오세치 요리는 어쩐지 기분이 좋지 않다. 또 아무리 글로벌 시대의 오세치 요리라고 해도 화양중(和洋中) 요리가 혼합된 오세치 요리는 한참 어색한 기분이 나는 것은 왜일까?

신토불이(身土不二)의 정신을 갖고 그 지방에서 나오는 식재료로 전통적인 방법으로 오세치 요리를 만들어 젊은이들에게 맛보게 하는 것도 좋은 공부가 되지 않을까 생각한다. 겹겹이 쌓인 박스에 담긴 예쁜 오세치 요리도 물론 젓가락이 닿는 순간 흩트려지겠지만 세 종류를 골라 단 몇 점이라도 접시에 올리고 귀신을 쫓는다는 술 도소(屠蘇)를 함께 마신다면 진정 아름다운 신년이 될 거라고 믿는다.

건강식의 원조, 정진요리

정진요리(精進料理: 쇼진요리)

일본요리의 특성을 크게 두 가지로 나누면 생선류와 가금류를 가지고 만든 요리, 채소와 해조류를 사용한 정진(精進)요리로 구분할 수 있을 것이다.

이러한 특징의 대략적인 개요는 무로마치(室町) 시대에 형성된 것으로 그 배경에는 육식을 금지한 불교의 계율과 이에 대한 부정적 교육 등이 한몫을 했다. 육식을 금지하는 첫 법령은 나라(奈良) 시대 천무(天武) 4년(675)에 내려진 칙령으로 소와 말, 원숭이, 개, 닭 등 인간에게 도움을 주는 친숙한 동물의 살생을 금하고 고기를 먹지 못하게 한 것이다. 이 금지령이 일반인에게도 적용되어 사회적인 관례로 정착한 때는 가마쿠라(鎌倉) 시대다. 이후 동물성 단백질은 오로지 어조(魚鳥)류를 통해 보충하게 되는데 이때 선종(禪宗)의 사찰을 중심으로 정진요리가 발달하고 이것이 일반인에게도 전해져 식물성 식품의 조리법으로 보급되었다. 그리고 여기에 생선과 조류를 중심으로 한 요리가 더해져 정진요리의 장르가 확립되었다. 당시 정진요리가 일반인에게 어떻게 비쳐졌는지 보여주는 예로 세이쇼나곤(清少納言)의 『마쿠라노소시(枕の草子)』에는 다음과 같은 글이 실려 있다.

> 사랑하는 자식을 절에 보낸 사람은 그 얼마나 가슴이 아프겠는가. 세상 사람들이 절에 계신 스님을 목석처럼 여기는 것도 슬픈 일이다. 맛없는 정진음식을 먹어야 하고 이성과의 교제도 멀리해야 하고 호기심으로 여자가 있는 쪽을 몰래 훔쳐보는 행위조차 불가능한데 이렇게 당연한 사실에 대해서조차 사람들은 이렇다 저렇다 비난한다.

여기에서 말하는 정진음식은 절의 식사를 말한다. 육류를 금하고 채소나 해조류만으로 만든 절밥을 먹어야 하는 스님. 세이쇼나곤은 사랑하는 자식을 그렇게 스님으로 만드는 것은 가슴 아픈 일이라고 적고 있다. 하고 싶은 것도 마음대로 할 수 없고 먹고 싶은 것조차 먹지 못하는 엄격한 계율 속의 생활을 정진음식이 대표적으로 상징하고 있는 것이다. 한 마디로 정진요리는 계율이라는 미명 하에 어쩔 수 없이 먹어야 하는 보잘것 없는 식사로 보고 있는 것이다.

불교에서는 육류 음식을 대신하기 위해 식물성 재료만을 사용한 음식을 고안해냈다. 육류는커녕 생선이나 가금류조차 금했기 때문에 오로지 야채와 두부, 건어물, 해조류만으로 만든 음식이 식탁 위에 올랐다. 심지어 육수도 식물성으로 만들어 소위 정진 다시국물 밖에 사용하지 않으니 음식이 맛있을 리 없다. 따라서 정진요리란 하찮은 식사의 대명사다. 또 불도에서는 정진을 게을리 하면 그렇게 하찮은 식사를 먹어야 한다고 한다. 즉 게으른 자가 떨어질 지옥에서 먹는 음식이라는 의미를 갖기도 한다.

정진음식의 기지(機知)와 재미

일본에는 동물 이름으로 된 3대 정진요리가 있는데 다누끼지루(狸汁: 너구리 국), 기지야키(雉燒き: 꿩 구이), 시기야키(鷸燒き: 도요새 구이)를 말한다. 다누끼지루는 실제 너구리 고기를 사용하는 것이 아니라 우엉이나 무 등의 채소와 함께 곤약을 재료로 한 된장국을 말한다. 기지야키는 꿩을 사용하는 것이 아니라 두부를 사용한 구이이며 시기야키는 도요새를 이용하는 것이 아니라 가지를 기름에 튀겨 깨와 된장을 위에 얹은 일종의 가지 구이를 말한다. 실제 동물을 사용하는 것이 아니며 색이나 그 형태를 가지고 이야기하는 것이다.

이들 정진요리는 모두 절 음식에서 비롯된 것이다. 너구리라든지 도요새는 그 맛이 좋아 누구나 한번쯤 먹어보고 싶어 하는 요리재료였다. 절에서 수양하며 육식을 금하는 스님이라 하더라도 인간의 본능은 어쩔 수 없는 것이 아닌가. 그래서 생각해낸 것이 채소 등의 식물성 재료를 사용한 음식에 맛 좋은 음식의 이름을 붙여 이름으로라도 즐겨보자는 시도였다고 한다. 그 결과 탄생한 것이 정진요리이니 엄격한 계율 하에 놓인 인간의 갈망이 만들어낸 요리라고 해도 좋을 것이다.

그러나 아무리 머리를 짜내도 곤약은 곤약이고 너구리 고기와는 다르다. 두부는 그저 두부일 뿐 꿩고기에는 미치지 못하며 가지는 가지 맛 그 이상을 낼 수 없다. 이러한 배경에서 정진요리는 '맛없는 음식'이라는 인식이 있었지만 생선이나 가금류를 이용해 만든 일반 요리와 비교해 일종의 위안이 될 수 있었으며 '재미의 요리'라는 인식도 생겨나게 되었다. 반대의 견해로 음식 재료가 한정되어 있어 아무리 궁리를 해도 별다른 맛을 낼 수 없어 깨두부(胡麻豆腐)를 반원 모양으로 잘라보거나 대나무 껍데기로 둘둘 감싸는 등 요리의 형태나 이름에 기지를 발휘해 재미를 즐기는 방법밖에 없었다고도 할 수 있다.

절 음식에 가장 많이 사용되는 음식 재료 중 하나는 두부다. 정진요리에서 가장 부족한 단백질은 주로 콩류를 이용한 두부에서 얻었다. 두부를 사용한 정진요리 가운데 기세이토후(擬製豆腐)라는 요리가 있다. 두부를 한번 살짝 끓인 다음 으깨고 채를 썬 야채류와 섞은 후 어떠한 형태를 만들어 찌거나 굽는 소위 모방요리다. 대나무 꼬치를 꽂아 장어구이처럼 만들거나 생선을 흉내 내어 안에 생선뼈처럼 우엉을 넣는 식으로 두부라는 제한된 재료를 사용해 최대한 여러 가지 형태를 만드는 일종의 요리 놀이라고 할 수 있다. 잘 알려져 있는 간모도키(雁擬, 飛龍頭: 두부 속에 잘 다진 야채나 다시마 따위를 넣고 튀긴 것) 등도 그러한 종류로 이처럼 정진요리에는 식물성 단백질로 두부가 자주 사용되었다. 이렇게 정성스럽기까지 한 모방요리의 모습은 '정진요리, 두부의 일곱 가지 변화'라고 해서 시조 속에서도 주목을 받을 정도였다(『誹風柳多留』, 1765). '재미있는 발상이긴 하지만 그래도 두부 아니겠는가?'라는 뜻이다.

몸과 마음을 깨끗이 하는 요리

정진요리는 일반에게 보급되면서 요릿집 요리에도 포함되었다. 일반가정에서 만드는 정진요리는 제사를 지낼 때 몸과 마음을 정결하게 하는 음식으로서 요릿집은 본래 절에서 만들어야 하는 음식을 대행하는 역할을 했다. 육식을 부정한 음식으로 꺼렸지만 당시 일반적으로 생선이나 조류로 요리를 만들었기 때문에 한 해에 몇 번 있을까 말까 한 정진요리는 성격 면에서 각별한 의미를 지닌 것이었다. 불도를 닦는 절의 음식은 이러한 차원에서 다소 호기심을 자아내는 부분이 있어 처음에는 인기를 끌기도 했다. 그러나 정진요리는 생선이나 새고기 요리에 비해 지방과 단백질 등이 결여되어 음식이 맛없다. 그래서 일반인들이 이러한 음식에 싫증을 내기까지 그리 오랜 시간이 걸리지는 않았을 것이다. 따라서 맛없는 것을 참고 먹는다는 행위에 정진결재(精進潔齋: 육식을 끊고 몸을 깨끗하게 함)의 마음을 담아 이번에는 정진 기간이 끝나고 일반 식사로 되돌아가는 때를 기다리는 풍조도 생겨났다. 예를 들어 정진일(精進日)인 돌아가신 부모 기일에 저녁에는 생선요리를 먹어도 된다고 한다. 기일의 낮 시간이 너무 길다는 것이다. 그래서 『川傍柳』에 '가다랑어를 기다리는 하루의 시간이 길다.'는 말도 나온 것이다.

이처럼 정진요리는 단순히 식물성 재료를 사용해서 만드는 요리만이 아니라 불교와 관련된 요리이며 여기에는 정도의 차이가 있을 뿐 종교적인 냄새가 풍긴다는 것이 특징이다. 그러한 개념을 적용시켜 볼 때 정진요리는 주류 음식이라기보다 일반 음식의 위치에 걸맞으며 주 요리인 생선요리의 존재를 부각시키는 것으로 말 그대로 '음의 요리'라고 생각할 수 있겠다.

정진요리의 메뉴

요릿집에서 만드는 정진요리의 메뉴는 첫 번째 상, 두 번째 상, 세 번째 상을 의미하는 이치노젠(一の膳), 니노젠(二の膳), 산노젠(三の膳)으로 이루어져 있어 이는 옛날 혼젠(本膳)요리(관혼상제와 같은 의식에 쓰이는 일본의 정식요리)의 영향을 받은 것이다.

이치노젠은 혼지루(本汁)라고 부르며 흰밥과 된장국을 내놓는 것이 정식으로 여기에 고노모노(香物: 야채절임)나 무침을 곁

들이는 경우도 있다. 니노젠은 소위 정진요리로 조림(煮物: 니모노), 튀김(揚物: 아게모노) 등이 나오고 산노젠은 정진을 마치는 상으로 여기에는 구이(燒き物: 야키모노)나 조림과 더불어 생선회(刺身: 사시미) 등 어패류 등을 내놓는다. 술은 차가운 술이 정식으로 이는 이치노젠을 물릴 즈음 나온다.

지금은 이치노젠을 생략하고 니노젠부터 내놓는 경우가 많으며 이 경우 조림, 튀김, 무침, 야채절임(漬け物: 쓰케모노)이 기본 식단으로 여기에 본래 산노젠에 나오는 회 등을 곁들여 마지막에 소면(素麵: 소멘)이나 초밥(鮨: 스시)에 과일 등을 함께 내놓는 것으로 메뉴를 마무리한다.

정진요리에는 덜어 먹는 젓가락이 없다.

정진요리의 그릇은 일반적으로 다리가 붙어 있는 상에 밥과 국, 작은 무침 안주, 작은 조림, 작은 접시, 뚜껑이 달린 공기의 여섯 가지 그릇이 하나의 세트로 되어 있는 슈젠슈가이구(朱膳朱皆具: 상이나 그릇 모두 붉은색으로 통일)로 하는 것이 원칙이다. 원래 절 음식인 정진요리에서는 가장 높은 스님의 그릇이 검은색, 그 밖의 스님들은 붉은색 그릇으로 정해져 있었다. 일반인이 붉은색 그릇을 사용하게 된 것은 여기서 유래된 것이다. 또한 이치노젠은 다리가 없는 상, 니노젠과 산노젠은 다리가 달린 상을 사용하는 것이 규칙이다. 각자 단독으로 그릇을 사용하는 것도 원칙이다. 즉 먹는 사람 수 만큼의 그릇을 갖추는 것으로 음식 또한 1인분씩 담겨 다른 사람의 음식을 함께 담지 않는다. 예로부터 '정진요리에 덜어 먹는 젓가락은 없다.'고 되어 있는데 바로 이 때문이다(일본요리는 중국의 영향을 받아 원래 다른 요리에는 대부분 덜어먹는 젓가락이 있다). 지금은 큰 접시를 내놓는 경우가 있는데 이때는 당연히 덜어 먹을 수 있는 젓가락도 함께 내놓는다. 약식 정도로 생각하면 된다.

같은 정진요리라고 해도 종파에 따라 그 형태는 다양하며 중국요리의 영향을 크게 받은 보차(普茶: 후차)요리에서는 큰 접시를 사용해 몇 사람이 함께 덜어 먹을 수 있도록 젓가락을 함께 내는 것이 정식이다. 한 사람에게 하나의 그릇이 주어지는 것은 일본요리의 대원칙으로 상이나 그 위에 놓인 그릇도 모든 손님마다 전용 그릇을 따로 내놓는다. 이러한 형태의 단정한 아름다움은 특히 외국인에게 깊은 인상을 남겼는데 전국(全國) 시대에 일본으로 건너온 선교사가 본국으로 보낸 서간에서 절찬을 할 정도였다. 정진요리가 혼젠요리에서 나온 이상 그러한 형식이 남아 있는 것은 당연한 일이지만 일반 요리에까지 잊어서는 안 되는 유풍을 그대로 남겨 놓는다는 것은 적잖이 아이러니한 일이다.

육식 습성

일본 식문화의 형태는 크게 종교적인 형태와 민속성의 형태로 나누어 말할 수 있다. 육류의 취식금지 또한 종교적 또는 민속성 두 가지 모두의 형태로 말할 수 있으나 지금까지 일본 사람들이 육식을 즐겼다고 본다면 주로 민속성 형태에 의하여 이루어지지 않았나 생각해 본다. 그러나 정진요리에서 본다면 불교의 윤리성에 의한 종교적 형태로 보는 것 또한 타당하다고 할 수 있다. 여기에서는 민속성 형태의 육식 금지를 놓고 보자.

한 연구논문(原田信南, 「역사 속의 쌀과 고기」, 1993)에 의하면 고대 이래 중세까지 일본인에게 고기의 취식은 꽤 일반적이었다. 육식 금지에 대해 최초로 알려진 것은 7세기(675년) 천무천황(天武天皇)의 명령에 의해서다. 그의 명령에서는 멧돼지와 여우, 사슴은 금하지 않고 대신 집에서 기르는 소나 닭 등을 금하고 있었다. 헤이안(平安) 시대 이후 많은 역사를 기록한 에마키(繪卷: 두루마리로 된 일본의 이야기 그림)에도 닭 등이 그려져 있으나 무리지어 있는 것은 없다. 고대와 중세에는 시간을 알리는 가축으로 닭을 기르고는 있었으나 식용으로 닭을 대량 기르는 일은 없었다. 이렇게 일본의 육식 습속 배경에는 일본인의 집 안과 집 밖의 구분의식이 크게 작용하고 있다고 할 수 있다. 예를 들어 닭은 정원의 새, 즉 집안 식구로 생각했기 때문이 아닌가 한다. 20세기가 되어서도 닭고기를 먹을 때는 자신의 집에서 기른 닭은 잡아먹지 않고 다른 집에서 기른 닭과 자신의 닭을 바꾸어 먹었다고 전해지고 있다(成城大學 民俗學研究所, 『日本食文化』, 1990). 닭이나 말, 개, 고양이처럼 집에 있는 날짐승은 한 식구와 같아 먹지 않았으나 산과 들에 있는 새나 멧돼지, 여우 등은 밖에서 서식하므로 취식 금지에서 예외였다고 생각된다.

그럼 언제부터 닭고기를 먹기 시작하였는가? 놀랍게도 에도 시대 이후부터다. 남방(포르투갈) 문화가 들어오면서 그 영향을 받았다. 외국인이 먹는 달걀과 먹음직스러운 닭고기 요리, 큼직한 닭고기의 덩치에 매료되어 그때부터 일본인도 먹기 시작한 것이다. 더불어 남방과자라고 불리는 카스텔라와 달걀 소면은 물론 수입된 설탕과 달걀도 이용되었다. 이렇게 일본에 남방풍이 전해지고 에도 초기에는 일본인의 식탁에도 부드러운 달걀 요리가 등장했다. 그리고 얼마 지나지 않아 일본인들이 최고로 좋아하는 육류의 식재료가 되었다. 집 안과 집 밖에 대한 일본인의 의식이 에도 시대에 접어들면서 조금씩 변하기 시작했다고 할 수 있다.

정진요리의 규제

고대 천신신앙(天神信仰)에 소 도살의 예법이 있는 것처럼 신의 세계에서 육식은 좋은 것이 아니었다. 현대의 신에게 바치는 상차림을 보면 알 수 있듯 생선과 조류가 갑자기 많이 등장하게 된다. 여기에서의 형태는 좀 더 특수한 양상을 띠고 있다. 예를 들어 가스까다이샤(春日大社: 奈良에 있는 신사)에 의하면 사슴은 신이 이용하는 동물이기 때문에 사슴고기를 먹는 것은 절대 용납되지 않았다.

정진이라는 것은 이렇게 종교적인 규제에 따랐다. 어떤 종류의 고기를 금지하고 터부시하는 데 있어 단순히 비린내가 나지 않는 요리로 규정하는 것이 아니다. 그러니까 같은 불교라도 중국의 정진과 일본의 정진은 그 내용이 다르다. 불교 수행에 있어 정진과 함께 최소한으로 필요한 식사가 정진요리로 발전한 것은 맞지만 무엇을 금지하고 무엇을 허락했는가 하는 것은 경우에 따라 다른 문제다. 불교의 영향 아래 일본 사찰의 식사라고 하는 정진요리가 성립된 것은 사실이지만 이 정진요리가 사회적으로 넓게 퍼진 시기에는 일반적으로 터부시 되는 정진보다 다소 부드러운 의미를 지니고 있지 않았나 추측된다.

채소요리와 데치기

종교적으로 규제된 식사에서 시작된 불교의 정진요리는 생선과 날짐승으로 만들어진 것과 비교하면 보잘 것 없는 요리에 지나지 않았다. 그러나 일본인의 독특한 요리 감각은 정진요리의 주재료가 되는 채소요리의 예리함을 만들어냈다. 그래서 정진요리는 종교적인 금기를 버리고 사찰이라는 좁은 공간에서 일반인의 생활공간으로 넓게 퍼지면서 훌륭한 채소요리의 별칭으로 정착하게 된다. 채소요리의 미묘함이라는 것은 구체적으로 무엇을 의미하는가? 필자는 데치는 것으로 대표되는 '조림'이라고 감히 이야기하고 싶다.

굽는 요리에 사용되는 도구와 다르게 데치고 삶는 요리에 사용되는 도구는 모두들 갖고 싶어 하는 것으로 특히 금속제 냄비는 서민의 의식 속에서 귀중품으로 여겨져 왔다. 고대 요리를 의례적으로 형식화해서 남긴 다이교(大饗) 요리를 보면 알 수 있듯 기본 국물을 담뿍 넣어 조린 요리는 많지 않으며 거의 구운 것 또는 건조식품을 얇게 썬 것, 생물로 된 것이다. 또 대부분의 음식은 맛을 들이지 않았다. 앞에 놓인 작은 접시에 소금과 식초, 간장이 준비되어 각자 간을 맞춰 먹었다고 한다. 이러한 고대 요리의 전통으로 볼 때 데치는 것은 틀림없이 새로운 요리였다. 충분히 간을 한 국물로 조리고 그 뜨거운 온기 그대로 그릇에 옮겨진 요리가 정진요리라는 세계에 등장한 것이다. 정진요리가 조림요리를 함께 발전시키고 주목할 만한 결과를 남긴 것은 섬세한 혀의 감각 때문이 아닐까?

헤이안 시대 말기에 그려진 그림 두루마리를 보면 서민 생활 속에 절구(すり鉢: 스리바치)가 등장했음을 알 수 있다. 발로 절구를 잡고 식재료를 곱게 갈고 있는 것이 그려져 있는데 이를 통해 깨나 콩을 곱게 갈고 그 부드러운 맛을 상상하면서 즐거움에 젖어 있지 않았나 생각해본다.

음식의 궁합과 상대성 배합

서로 다른 특성이 만난 맛

우리 국어사전에서 '궁합'이라는 말을 찾아보면 '혼담이 있는 남녀의 사주를 오행에 맞추어 보아 배우자로써 길흉을 헤아리는 것'이라고 나와 있다. 흔히 '저 사람과는 궁합이 잘 맞을 것 같다.'거나 '아무래도 궁합이 맞지 않는다.'라고 말하기도 한다. 특별히 이유를 알 수는 없지만 왠지 자신과 잘 맞는 사람이 있고 그렇지 않은 사람도 있다. 이를 흔히 궁합이라는 말로 표현하는데 요리에도 그러한 궁합이 존재한다.

요리의 궁합에는 재료끼리의 궁합과 그릇과의 궁합, 나아가 손님과의 궁합 등이 있는데 이들 모두가 만족되었을 때 비로

죽순 미역 맑은 국(若竹吸物)

소 맛있는 요리가 탄생한다.

조림(煮物)처럼 두 종류 이상의 재료를 사용하는 요리는 배합이 잘못 되면 맛있게 만들어지지 않는다. 예를 들어 봄을 대표하는 재료에는 죽순과 생미역이 있다. 살짝 데친 죽순과 생미역을 먹기 좋게 썰고 하나의 냄비에 술과 간장을 넣고 조린 것으로 죽순과 미역을 함께 조리면 죽순만 따로 조린 경우보다 몇 배 더 맛있다. 이는 죽순이 갖고 있는 본래의 맛에 미역이 갖고 있는 맛이 더해져 생긴 것으로 '미역의 맛이 플러스 된다.'는 말은 달리 표현하면 죽순 속에 들어있던 좋지 않은 맛이 생미역 속에 들어있던 성분의 작용으로 사라지고 새로운 맛을 만들어 낸 것이라 할 수 있다. 미역과 죽순이 갖고 있는 각각의 맛과는 전혀 다른 맛이 만들어지는 것이다. 이처럼 각 재료의 특성이 잘 어울려 만들어내는 맛의 상승효과를 흔히 '잘 맞는 음식의 궁합'이라고 하며 '궁합이 잘 맞는 재료'라고도 말한다.

하지만 플러스적인 면만 있고 마이너스적인 면이 없다면 맛은 텁텁해지고, 반대로 마이너스적인 면만 있고 플러스적인 요소가 없다면 맛에서 뭔가 부족함이 느껴진다. 이러한 배합은 모두 궁합이 나쁘다고 할 수 있다. 다시 말해 더함과 나눔이 적당히 작용해야 좋은 궁합이라 할 수 있다.

최근에는 궁합을 무시한 채 무작정 조리기만 하는 음식이 많아졌다. 예를 들어 도미와 죽순 조림이 그러하다. 도미와 죽순을 함께 조리하면 도미의 맛과 죽순의 맛이 서로 경쟁을 해 상생의 요소가 부족한 조림이 된다.

조림요리는 가능하면 한 냄비로

원래 조림의 발상은 육수가 나오는 동물성 재료와 식물성 재료를 하나의 냄비에서 조림으로써 별도의 육수를 사용하지 않아도 맛있는 조림을 만들 수 있다는 데서 비롯된 것이다. 지금은 손쉽게 육수를 구할 수 있지만 메이지(明治) 시대부터 쇼와(沼和) 시대에 걸쳐서는 고기가 귀해 육수를 구하기 매우 어려웠고 워낙 고가였기 때문에 가정에서 육수를 사용하는 경우는 손님을 접대하거나 조림을 할 때뿐이었고 보통 된장국에서는 엄두도 내지 못했다. 때문에 된장국은 맛있는 된장에서 우러나는 맛을 육수 대신으로 삼았다.

조림은 두 가지 이상의 재료를 하나의 냄비에 함께 넣고 끓이기 때문에 당연히 재료끼리의 궁합이 맞아야 한다. 궁합에 관한 약속은 '이 재료에는 저 재료를 배합시키면 맛있다', '저 재료와 섞으면 맛이 없다'는 식으로 요리인의 세계는 물론 일반 가정에도 널리 퍼져 궁합의 약속이 깨지는 일은 좀처럼 없었다. 최근의 조림은 각기 다른 냄비에서 재료를 조린 후 하나의 그릇에 담는 스타일을 취하고 있기 때문에 극단적으로 말하면 어떠한 재료의 조합도 가능하다는 얘기가 된다. 자연과 궁합에 대한 약속이 잊히면서 예전에는 상상도 할 수 없었던 기묘한 형태의 조림이 생겨나고 있다.

주재료와 부재료의 궁합

요리 재료에는 단독으로 사용해서 요리가 되는 주재료와 단독으로 사용해서는 요리가 되기 힘든 부재료가 있다. 앞서죽순과 미역 조림의 경우 주재료는 죽순, 부재료는 미역이다. 궁합의 좋고 나쁨은 주재료와 부재료의 배합에 의해 비롯되는 경우가 많아 주재료끼리 혹은 부재료끼리의 배합으로는 좋은 궁합이 나오지 않는다. 도미와 죽순 조림이 맛없는 이유는 양쪽 모두 강한 특성을 갖고 있는 주재료이기 때문이고 머위와 미역을 함께 조린 부재료끼리의 조림 역시 맛이 없다.

주재료끼리는 덧셈만 작용하며 뺄셈이 없다. 또한 부재료끼리는 뺄셈만 작용해 사실 계산이 불가능해지고 만다. 이러한 재료의 배합은 궁합이 좋지 않다고 할 수 있다.

지역과 토질의 궁합

예로부터 '지방에 따라 풍속도 다르다.'는 말이 있는데, 일본 전국을 여행하다 보면 요리 궁합에 있어서도 이 말이 진리임을 깨닫게 된다. 흔히 죽순에는 산초새순이 어울린다고 한다. 그러나 이러한 배합은 일본 전 지역에서 공통된 것은 아니다. 이러한 배합은 주로 관서지방에서 통용되는 것으로 최근 들어 알려진 사실이다.

언젠가 요리사진을 촬영하는데 죽순과 미역 조림을 그릇에 담고 그 위에 산초새순을 얹었다. 그것을 보고 어느 여성 편집자가 "이렇게 산초새순이 많으면 죽순의 맛이 죽을 텐데……." 라고 중얼거렸는데 처음에는 그 의미를 잘 알지 못했다. 그녀에게 산초새순은 단순한 장식이며 죽순의 맛을 더해주는 보조적인 역할이 아니었다. 도쿄 태생인 그녀에게 산초새순은 죽순과 함께 먹는 것이 아니라 향과 빛깔을 즐기는 재료였던 것이다. 이처럼 요리 재료에서 궁합은 일률적으로 정해진 것이 아니라 그 지역의 취향에 따라 상당한 차이가 있음을 잊어서는 안 된다.

요리와 그릇의 궁합

요리와 그릇의 궁합은 요리를 자르는 법과 그릇의 어울림에서 비롯된 것이라 말해도 좋을 것이다. 이것을 대표하는 것으로는 생선회가 있다. 관동지방의 회는 히라즈쿠리가 주류로 어육의 단면을 세워 도톰하게 써는 것이 특징이다. 이에 반해 관서지방에서는 대체적으로 얇게 저미듯 썬다. 이러한 차이는 꽤 오래된 것으로 에도 시대의 고서에도 실려 있다. 그 차이에서 비롯되어 관동의 대나무 마디 모양으로 썬 회와 관서의 기왓장 모양으로 얇게 저민 방식의 차이까지 생겨난 것이다.

일반적으로 관동지방의 그릇은 깊은 것이 많고 관서지방에서는 얕은 그릇이 많이 사용된다. 이는 관습적인 것으로 관동지방의 그릇은 깊이는 있지만 형태의 변화가 부족하고 관서지방의 그릇은 깊이가 얕지만 형태의 변화가 다양하다. 도톰하게 썬 회를 입체적으로 담으려면 아무래도 깊은 그릇이 적합하고 얇게 저며 두께가 없는 회를 담기에는 얕은 그릇이 어울린다. 이렇게 해서 요리와 그릇의 궁합이 생겨난 것이다.

또 다른 요리와 그릇의 궁합으로 무침은 움푹 파인 그릇에 담아 먹을 때 음식의 흩어짐이 보이지 않도록 하는 것, 따끈한 조림은 열이 식지 않도록 뚜껑이 있는 그릇에 담는 등의 예를 들 수 있다. 시원한 맛의 음식은 유리그릇이나 자기에 담고 따뜻한 음식은 채색이 되어 있는 도기(陶器)에 담는 궁합 또한 잘 알려진 사실이다. 흔히 그릇을 '요리의 옷'이라고 한다. 일본요리가 보여주는 요리라는 점에서 이러한 궁합 또한 소홀히 할 수 없는 것이다.

손님의 취향

미각은 지극히 주관적인 것이다. 모두가 맛있다고 느끼는 음식은 없으며 어떤 이에게는 맛있는 음식이 다른 이에게는 맛없게 느껴질 수도 있다. 일본요리에서 사람에 따라 미각이 얼마나 차이가 나는지를 말해주는 일화로 오다 노부나가(織田信長: 전국시대 일본 통일의 기반을 닦은 무장)와 관련된 일화가 있다.

미요시(三好) 가문이 멸망할 즈음 한 요리사가 포로로 잡혔는데 맛있는 요리를 만들겠다는 조건으로 노부나가에게 목숨을 구한다. 노부나가가 그가 만든 요리를 먹어보니 너무 싱겁고 맛이 없었다. 노부나가가 화를 내자 요리사는 "다시 한 번 만들게 해주십시오. 그래도 입맛에 맞지 않으시다면 그때는 스스로 할복(割腹)하겠습니다."라며 간청했다. 다시 만든 요리는 노부나가의 마음에 들어 요리사는 목숨도 구하고 녹도 받았다. 후일 요리사는 두고두고 말하기를 "처음에 만든 음식은 미요시 가문 풍의 매실절임이고 두 번째 만든 것은 노부나가가 태어난 시골풍 매실절임이다. 미요시 가문 풍으로 만든 것이 마음에 들지 않는다고 하니 그다음에 만든 시골풍 매실절임에는 자신이 있었다."고 하였다.

사람의 미각은 연령과 성별 등에 따라 천차만별이다. 무엇보다 미각을 형성하는 가장 큰 요소는 태어나 자란 고향이다. 투박한 무사인 노부나가에게 교토 미요시풍의 맛이 맞지 않았던 것은 생각해보면 지극히 당연한 것으로 이 이야기는 오히려 노부나가가 고귀함의 중심이었던 막부풍 맛에 아첨하지 않고 자신의 미각을 관철시켰다는 데서 의미를 찾아야 할 것이다.

최근 잡지 등에 맛 기행에 관한 특집이 유행하면서 도시를 벗어난 지방의 맛이 소개되고 있다. 하지만 맛있어 보이는 사진에 이끌려 실제 찾아가 보면 실망하는 경우가 대부분이다. 그도 그럴 것이 그 지방의 요리는 그 지방 사람들에게 '궁합이 맞는' 요리라 도시 사람들에게는 오히려 '궁합이 맞지 않는' 요리이기 때문이다. 여행에서 오는 해방감과 신기함이 더해져 맛있게 먹을 수 있는 것으로 매일 그러한 음식을 먹으라고 한다면 필자는 분명 사양할 것이다.

그래서 요릿집에서는 처음 온 손님에게 특별히 신경을 쓴다. 손님의 행동 하나하나에서 손님의 고향과 자란 곳을 알고자 하는데 손님의 입맛에 맞는 요리는 무엇인지, 손님과 요리와의 궁합은 어떠한지 생각하게 된다. 그 요릿집의 조리기술과 조미기술이 아무리 뛰어나도 손님의 미각에 맞추지 않으면 의미가 없다. 요릿집에 있어 중요한 것은 손님이 맛있다고 느껴 다시 먹으러 오도록 만드는 것이기 때문이다. 결국 자신의 입에 가장 익숙한 맛이 가장 맛있는 요리인지도 모른다.

'야마카케'라는 요리

야마카케(山かけ)는 참치회에 산마를 갈아 위에 끼얹듯 올린 요리다. 야마카케는 일종의 무침요리이므로 그릇은 다소 약간 깊은 것을 사용하며 그릇의 색 배합은 도기풍이 좋다. 손님이 남성이라면 상관없지만 여성 손님에게는 그대로 내지 않는다. 왜냐하면 다 먹은 후 그릇이 말끔하지 않기 때문이다. 여성들은 가급적 말끔하지 않은 모습은 보여주고 싶어 하지 않는다.

그래서 이러한 모습을 조금이나마 감출 수 있도록 고안한 것이 덴모리(天盛り)인데 우리말로는 고명이라 할 수 있으며 김을 구워 가루나 실처럼 가늘게 썰어 위에 올려주는 것이다. 재료의 궁합과 그릇의 궁합, 그리고 손님의 궁합. 생각해보면 요리란 배려의 연속이라 해도 과언이 아니다.

일본요리와 도구의 선택

사용하는 사람과 만드는 사람

요릿집의 그릇과 가정의 그릇

뛰어난 도예가이자 요리인이기도 한 기타오지 로산진(北大路魯山人)은 '그릇은 요리의 옷이다'라는 명언을 남겼다. 굳이 이 말을 인용하지 않더라도 요리는 전통적으로 그릇을 제외하고는 생각할 수 없다. 로산진은 직접 그릇을 만들고 거기에 맞는 요리를 담았는데 물론 그렇게 하면 더할 나위가 없다. 더구나 요리가 예술 분야의 하나로 대접받고 있는 요즘 요리를 잘 만드는 것만으로는 충분치 않다. 요리라는 것은 원래 먼저 그릇을 생각하고 그릇에 어울리는 요리를 만드는 것이며 그릇과의 관계를 무시해서는 성립할 수 없는 것이기 때문이다.

그릇의 종류는 매우 다양해서 요릿집의 그릇과 가정의 그릇은 그 역할이나 작용에 있어 차이가 있다. 가정요리는 무엇보다 미각적으로 맛있게 먹을 수 있는 것이 우선이다. 거기에 사용되는 그릇도 우선 사용하기 편리한 것을 고려한다. 아무리 고가의 그릇이라도 사용하기 불편하고 잘 깨진다면 없는 것보다 못하다. 또 가정에서는 담기 쉽고 먹기 편하며 튼튼한 그릇이 바람직하다. 이에 반해 전문 음식점의 요리는 미각적으로 맛있을 뿐만 아니라 시각적으로도 맛있어야 한다. 눈으로 먹는 것이 가장 우선이기 때문에 요리의 맛에 있어 상당한 비중을 차지하고 있는 것이다.

전문 음식점의 요리는 가정요리와 달리 메뉴가 매우 다양하다. 가정에서라면 제철 재료를 사용한 요리를 반복해서 만들어 먹는 것이 허용되지만 전문 음식점에서는 그럴 수 없다. 예로부터 '하나의 요리는 이순(二旬) 안에 내놓는다'는 말이 있는 것처럼 전문 음식점에서 하나의 요리 생명은 이순, 즉 20일이다. 아무리 맛있고 손님으로부터 반응이 좋은 요리라도 처음 내놓기 시작해 20일이 지나면 더 이상 내지 않는다. 그 기간이 지나면 다른 재료를 사용한 식단을 궁리한다. 따라서 요리의 종류는 가정요리에 비교할 수 없을 만큼 많으며 그만큼 필요로 하는 그릇의 수도 많아진다.

요리에 가장 잘 어울리는 그릇과 보기 좋게 담을 수 있도록 요리를 잘 받쳐주는 그릇, 손님의 눈을 즐겁게 할 수 있는 그릇…… 이 모두를 한 마디로 말하면 '돈을 받을 수 있는 그릇'이 된다. 전문 음식점에서는 이처럼 음식을 팔아 돈을 받을 수 있는 그릇을 정확하게 선택하는 것이 중요하다.

뜻과 의미가 없는 그릇의 범람

최근 다양한 그릇이 만들어지고 있다. 생선회 접시, 맑은 국그릇, 조금 깊은 사발, 깊은 사발 등의 그릇은 용도에 맞게 만들어진 것이지만 요즈음 그릇의 형태나 색상, 문양 등은 불필요한 정도가 이를 데 없어 그중에는 왜 이런 것까지 만드나 싶을 정도로 의구심마저 드는 것도 있다. 쓸모없는 그릇이 너무 많다는 것이다. 이러한 그릇의 범람에는 근본적으로 그릇 사용에 대한 잘못된 인식이 자리 잡고 있기 때문이다.

한 백화점 그릇 광고에 '일본요리는 계절감을 중요시하며 사계절 요리는 만 가지, 2만 가지나 된다. 그리고 그 하나하나에 어울리는 그릇이 있다.'는 문구가 있었다. 필자는 이 광고 문구

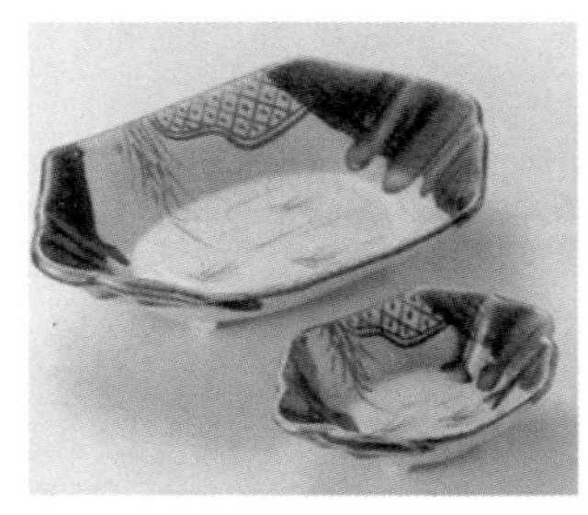

회 그릇(造ク器)

를 처음 봤을 때 적잖이 놀랐다. 일본요리가 계절감을 존중하며 계절별로 수많은 요리가 존재한다는 말은 맞지만 그 하나하나 요리에 정해진 그릇이 있다는 것이 문제다. 이 생각을 연장하면 그릇은 요리의 종류만큼 필요하다는 얘기가 되는데 그렇게 되면 그릇은 아무리 많이 있어도 모자란다. 물론 이 광고 문구를 백화점만의 독특한 상혼이라 이해할 순 있지만 이러한 상혼이 무의미한 그릇의 범람을 초래하는 하나의 원인이 되기도 한다.

일본요리는 하나의 요리를 내갔다가 다시 물리는 소위 시간차 형식의 대접이 기본이다. 식단에 따라 요리를 내가는데 손님이 다 먹으면 요리를 물리고 다시 다음 요리를 내가는 식의 반복이다. 이러한 형식에서 손님 앞에 놓인 것은 하나의 그릇에 담긴 일품요리이므로 요리와 그릇의 조합, 즉 담는 데만 주의를 기울이면 식단 전체 그릇의 조합에 대해 그다지 고민하지 않아도 된다. 극단적으로 말해 하나의 식단 안에 같은 그릇을 두 번 사용해도 시간의 경과가 있어 그것을 부자연스럽게 느끼지 않는다는 것이다. 그런데 지금 대부분의 전문 음식점 요리가 하고 있는 것처럼 서너 가지 요리를 한꺼번에 손님 앞에 차

진미그릇(珍味器)

려 놓게 되면서 다른 형태와 다른 색상, 다른 재질의 그릇 조합에 신경을 쓰게 되었고 그러한 변화를 추구하기 위해 보다 많은 그릇이 필요하게 되었다. 그리고 조합에 집착한 나머지 이상한 문양의 그릇을 아무 생각 없이 사용하는 것에 익숙해져 정말 좋은 그릇을 오래 사용하는 습관에서는 멀어지고 있다. 이러한 행태가 무의미한 그릇의 범람을 초래했다고 봐도 좋을 것이다. 따라서 요리와 그릇의 조합은 더욱 어려워지고 결국 요리 담는 기술의 저하로 이어진다.

1기 3양

옛날 일본의 요리인들은 교육훈련을 하면서 5치 접시를 사용했다. 5치 접시란 직경 5치(약 15센티미터)인 무지의 둥근 접시를 말한다. 둥근 접시를 사용한 이유는 그릇의 기본이 원형이며 요리를 담는 법의 첫걸음은 어떠한 깊이도 없이 단순한 평면에 담는 것부터 시작되기 때문이다. 평범한 원형접시에 요리를 보기 좋게 담기. 요리인들은 오로지 그것에만 집중해서 기본을 철저하게 익혔다. 문양 하나 없고 깊이도 없고 삐쳐 올라간 부분도 없는 그릇이기 때문에 잠깐 익힌 테크닉으로는 눈속임을 할 수 없다. 요리를 제대로 파악해서 그릇의 여백과 요리와의 조화, 효과적인 배색 등을 몸에 익히면서 먹기 좋고 보기 좋게 제대로 담는 비결을 습득했다.

5치 접시에 잘 담을 수 있게 되면 네모난 접시나 가로로 긴

타원형 접시 등을 사용하는데 그동안의 연습과 약간의 응용만으로 쉽게 통과할 수 있으며 깊이가 있는 사발에 담는 것은 생각만큼 어렵지 않다. 그리고 그릇의 본질을 간파할 수 있는 눈을 가지게 되면서 이번에는 반대로 하나의 그릇을 몇 가지 계열로 구분해서 사용할 수 있는 힘이 길러진다.

예로부터 '1기(器) 3양(樣)'이라고 해서 사용법에 따라 그릇을 몇 가지 형태로 사용할 수 있다. 예를 들어 가늘고 긴 접시는 전채접시라고 불려 전채 전문 그릇처럼 생각하지만 산천어의 소금구이 등 생선구이를 담는 데도 제격이며 세련된 감각으로 생선회 등을 담을 수 있어 담는 방법에 따라 몇 가지로 구분해서 사용할 수 있다. 또 맑은 국그릇도 국물 있는 조림요리 그릇으로 사용할 수 있으며 구이요리 그릇도 튀김요리 그릇으로 사용할 수 있다. 고바찌(작은 주발)와 간장 그릇 등도 작은 진미그릇으로 여러 가지로 혼합사용해 세련된 조리 형태를 만들어 새롭고 신선한 감각을 느낄 수 있을 것이다. 이러한 1기 3양의 사용법은 어쩔 수 없는 '임시적인 사용법'이 아니라 본래의 사용법에서 약간 벗어나 편리함과 경영의 효율화를 위한 응용이라 할 수 있겠다.

그릇이라는 것은 저마다 용도를 갖고 있어 약속대로 사용하면 안정감이 느껴지지만 어쩌면 안정감은 틀에 박힌 단순함으로 느껴질 수도 있을 것이다. 그러한 단순함에서 벗어나 편리함을 추구하는 것은 예로부터 일본인이 선호하는 양식으로 1기 3양은 원래 일본인의 감각에 맞는 그릇 사용법이라고 할 수 있다. 비상식적인 그릇의 범람에 빠지지 말고 정말 의미 있고 품위 있는 그릇을 선택해 여러 가지 용도로 사용하는 것은 매우 중요한 부분이라 할 수 있다.

그릇의 선택을 방해하는 요인들

그러면 좋은 그릇이란 무엇인가? 이것은 매우 어려운 문제로 특히 요리를 담는 그릇의 경우 요리를 담아 보기 좋고 먹기 좋게 보이는 것, 뭐든지 담을 수 있는 것 등이 좋은 그릇의 조건일 것이다. 한 눈에 반할 정도로 좋은 그릇이라도 담긴 요리가 전혀 돋보이지 않는다면 좋은 그릇이라 할 수 없다. 또 한 가지 요리만 담을 수 있어 소위 다른 형태로 응용이 어려운 그릇도 좋은 그릇이라 말하기 힘들다.

최근에는 좋은 그릇을 고르는 일이 더욱 어려워졌다. 그릇 선택의 폭이 넓어진 이유도 있지만 그릇을 제공하는 측에 더 큰 문제가 있다. 일본에서는 그릇 산지에서 일년에 2회, 봄과 여름에 신작 발표회가 열린다. 여기에서 발표되는 그릇은 일단 중개인이 구입하고 다시 소매점에 넘겨진 뒤 비로소 시장에 나오는 구조로 되어 있다. 어느 그릇을 사들일 것인지가 중개인의 판단에 달려있기 때문에 발표된 신작 모두가 시장에 나오는 것은 아니다. 사실 이 중개인의 '눈'에 문제가 있는 것이다. 그들이 정말 좋은 그릇을 고를 수 있는 눈을 가지고 있다면 문제는 없겠지만 유감스럽게도 만족할 만한 눈을 갖추고 있다고 보기 힘들다. 요리를 담는 그릇이라는 점을 잊고 문양과 모양에 있어서 진귀함만을 쫓는 경향이 있어 진짜 좋은 그릇이 시장에 나오지 못하는 것이다.

중개제도에 의한 유통은 산지에서 전국 각지에 대량의 그릇을 공급하기 위해 불가피한 선택이겠지만 중개인의 눈에 띄지 못한 그릇은 결국 햇빛을 보지 못하고 그대로 묻히고 마는 것이다. 생각해보면 그릇 중개인이야말로 요리와 그릇에 대한 공부가 필요한 사람들이며 명확한 그릇 선정의 자세가 요구된다.

그릇을 제공하는 측의 문제 중 하나로 그릇 제작자의 자질도 들 수 있다. 어느 유명한 작가는 요리가 우선이고 그다음에 그릇이라는 점을 중시해 일부러 요리수업을 받았다고 하는데 그 결과 그의 작품에 묻어나온 것은 잡념이었다. 그릇에서 가장 필요한 개성이 사라진 것이다. 요리는 하루아침에 되는 것이 아니다. 매일 요리에 몰두하고 그래서 제대로 된 요리인이 되는데 무려 20년 이상의 세월이 걸린다. 그릇 만드는 시간을 쪼개 요리를 배웠다고 해서 쉽게 배울 수 있는 부분이 아니다.

또 대대로 그릇 만드는 일에 종사해온 중견 작가 중에 선대의 그릇을 그대로 모방하는 일이 있는데 그 작품에는 소심함이 묻어나 의도가 충분히 살지 못한다. 아마 선대가 갖고 있던 '대범함'과 자신이 갖고 있는 '대범함'의 차이를 눈치 채지 못한 채 아무 생각 없이 베낀 결과 오히려 대범함은 사라지고 소심함만이 부각되었기 때문일 것이다.

도예가나 칠예가(옻칠하는 사람)에게 바라는 게 있다면 보다

견실하고 착실하게 자신의 일에 충실하라는 것이다. 새로운 것으로 옮겨가기 전에 이제까지 자신이 해온 일을 다시 한 번 되돌아보고 거기에서 의문을 갖게 되었다면 끝까지 고민해보고 추궁하는 자세를 보여주었으면 한다. 그리고 요리라는 것에 진정한 이해를 표현해주었으면 한다.

사용하기 편리한 그릇, 하나의 그릇으로 여러 형태의 요리를 커버할 수 있는 그릇, 요리를 돋보이게 하고 편안하게 감싸 안을 수 있는 그릇……. 이러한 그릇의 출현이 그릇에 대한 감각을 단련시키고 보다 좋은 그릇으로의 발전으로 이어지는 것이라면 그릇을 제공하는 사람의 책임은 더욱 무겁다고 할 수 있다.

젓가락 이론에서 매너까지

일본은 '젓가락의 나라'다. 젓가락(箸)은 중국이나 한국에도 있다. 그러나 중국에서 젓가락은 밥이나 반찬을 먹는 데 사용하며 국에는 숟가락을 사용한다. 또 한국에서 젓가락은 반찬을 먹는 것이고 국이나 밥은 숟가락으로 먹는다. 이처럼 중국이나 한국에서는 젓가락과 숟가락을 구분해서 사용하는데 반해 일본에서는 모든 식사를 젓가락으로만 먹는다. 즉 순수하게 젓가락만으로 식사하는 나라다.

젓가락의 나라라고 불리는 만큼 일본에는 실로 많은 젓가락이 있다. 소재로 나눠보면 나무젓가락과 대나무젓가락, 합성수

지젓가락, 상아젓가락, 금속젓가락 등이 있고 만드는 방법으로 보면 둘로 쪼개는 나무젓가락과 옻칠젓가락 등이 있다. 형태로 보면 양쪽 끝이 가는 젓가락과 끝으로 갈수록 얇아지는 젓가락이 있으며 용도에 따라 그에 맞는 길이의 젓가락이 따로 만들어지고 다시 남녀별, 성인용, 어린이용으로 구별된다. 식사용 이외의 젓가락은 덜어먹는 젓가락과 요리용 긴 젓가락, 생선요리용 젓가락, 숯을 집을 때 사용하는 젓가락 등이 있다. 젓가락 없이는 식사를 할 수 없는 나라, 젓가락을 제외하고는 식사를 논할 수 없는 일본이야말로 '젓가락의 나라'다.

젓가락의 발달과정

지금 젓가락(箸)하면 두 개로 이루어진 젓가락을 말하지만 아주 오래전 젓가락은 대나무나 나무의 중간 정도를 구부려 만든 핀셋 모양의 접이젓가락이었다. 접이젓가락의 끝이 새의 부리와 닮았다고 해서 '하시(嘴)'라고 하며 음식과 입 사이의 다리를 건넌다는 의미에서 '하시(橋)'라고 부른다.

젓가락의 기원을 언급할 때 자주 인용되는 일화로 '나가레바시(流れ箸) 전래'가 있다. 이것은 『고사기(古事記)』의 이즈모(出雲) 신화에 나오는 얘기다. 스사노오 노미코토(須佐之男命: 바다의 남신)가 고천원(高天原: 신이 땅에 내려오기 전에 살던 곳)에서 출운국(出雲國)의 비이천(斐伊川) 조상의 땅에 강림했을 때 강 상류에서 젓가락이 떠내려 왔다. 그것을 본 스사노오 노미코토는 강 상류에 사람이 있는 것으로 생각해 강을 거슬러 올라갔다. 그곳에 가니 노부부가 울고 있었다. 울고 있는 이유를 물으니 머리와 꼬리가 여덟 개씩 달린 팔오원려지(八俣遠呂智)가 나타나 매해 부부의 딸을 한 명씩 잡아먹는다는 것이었다. 스사노오 노미코토는 노부부에게 명해 여덟 통의 술을 만든 뒤 술을 마시러 온 팔오원려지를 퇴치한다. 그리고 노부부의 막내딸을 아내로 맞아들여 출운국의 주권이 된다.

이때 노부부는 딸을 구하고자 신찬(神饌: 신에게 바치는 음식)을 만들어 신에게 바치고 소원을 빌었다. 신찬은 소원이 이루어지면 강에 흘려보내는 것이 관습으로 흘러내려온 젓가락은 신찬에 바친 젓가락이었던 것이다. 이 나가레바시 전래는 젓가락의 발생동기를 말해준다. 도구는 인간의 손이나 손가락을 대신하는 것으로 인간의 손가락은 원래 부정한 것으로 생각했다. 신에게 바치는 음식을 부정한 손가락으로 만지는 것은 조심스러운 일이기 때문에 젓가락을 생각해낸 것이다. 따라서 젓가락 그 자체의 발생기원을 생각해볼 때 현재의 젓가락처럼 음식을 입에 가져가는 도구가 아니라 음식을 조리해서 나누는 도구, 신찬을 나눠 먹기 위한 도구, 신에게 바치는 일종의 제기로 탄생되었다고 보는 것이 옳을 것이다.

젓가락의 사용은 놀라운 일

일본인이 젓가락을 사용해 일상적인 식사를 하게 된 것은 나라 시대 후반부터라고 전해진다. 그때까지 일본인은 주로 손을 이용해 음식을 먹었다. 젓가락은 제사를 지낼 때 쓰는 제기로 사용되었을 뿐이다.

나라 시대나 헤이안 시대에 접어들어 지금의 젓가락과 거의 비슷한 젓가락이 사용되었다는 사실은 당시 유적에서 발견된 출토품을 통해 알 수 있다. 젓가락뿐만 아니라 목제로 된 수저도 함께 사용되었는데 세이쇼나곤(清少納言: 헤이안 시대의 여류작가)의 『마쿠라노소시(枕の草子)』에 '상이 시끄러울 정도다. 젓가락과 수저가 저마다 소리를 낸다.'는 대목에서도 사용한 흔적을 엿볼 수 있다. 젓가락과 수저의 혼용에서 벗어나 완전히 젓가락만으로 식사를 하게 된 것은 가마쿠라 시대에 들어서다.

젓가락에는 식사용 젓가락과 조리용 젓가락이 있다. 조리용 젓가락은 인간이 불을 사용하게 되면서 가열조리의 발생과 동시에 생겨난 것으로 당연히 식사용 젓가락보다 앞선다. 식사용 젓가락은 직회(直會: 신에게 바친 음식을 함께 먹는 것) 사상이 생겨난 것과 동시에 발생한 것으로 보인다. 접이젓가락 등도 이러한 흐름에 따라 생겨난 것이며 신에게 바친 음식을 손으로 집어 먹는 것에 대한 두려움에서 비롯된 것이라고 할 수 있다. 현재 일본의 젓가락은 삼나무로 되어 양쪽 끝이 가늘어지는 젓가락(兩細箸: 료우보소하시)이 정식이지만 이 젓가락의 형태는 신과 인간이 함께 음식을 나눠먹던 것에 대한 잔재이며 이러한 형태는 무로마치 시대에 생겨났다.

젓가락은 음식과 입 사이를 오가는 다리라고 언급한 바 있으나 그것은 또한 신과 인간과의 다리 역할을 하는 것으로도 생각할 수 있어 한번 사용한 젓가락에는 신과 인간의 힘이 깃들어 있다고 하여 소중하게 다뤘다. 젓가락을 세워 놓는 전승(사용한 젓가락을 그대로 땅에 꽂으면 신목이 된다는 전래)이나 젓가락을 꺾는 풍습(사용한 젓가락을 꺾어 버리지 않으면 사용한 사람의 영혼이 깃들어 재앙을 불러온다는 전래)이 여전히 일본 각지에 남아 있는 것이 그 예가 될 수 있다.

젓가락의 종류와 약속

젓가락에는 여러 종류가 있다. 여기에서는 특히 나무젓가락, 대나무젓가락에 대해 설명하고자 한다. 나무젓가락의 재료에는 버드나무, 삼나무, 노송나무, 주목 등이 있다. 제사가 있는 경사스러운 날에 정식으로 사용되는 젓가락은 하얀 버드나무 젓가락으로 정해져 있는데 가운데가 두툼하고 양쪽 끝이 얇은 둥근형태의 젓가락이다. 버드나무는 강하고 청정해서 잡귀를 물리치는 영목으로 여겼는데 지금도 정월에 사용하는 젓가락이나 결혼식 등에서는 버드나무 젓가락을 사용한다. 길이는 남녀 관계없이 8치(약 24센티미터)가 규칙으로 한번 쓰고 버리는 것이 약속이다. 참고로 장례 등 안 좋은 일이 있을 때는 버드나무로 된 끝부분이 가는 둥근 젓가락을 사용했다.

삼나무 젓가락은 일본 다도의 선구자 센노리큐(千利休)가 다도의 가이세키 요리용 젓가락으로 사용했는데 요시노삼나무

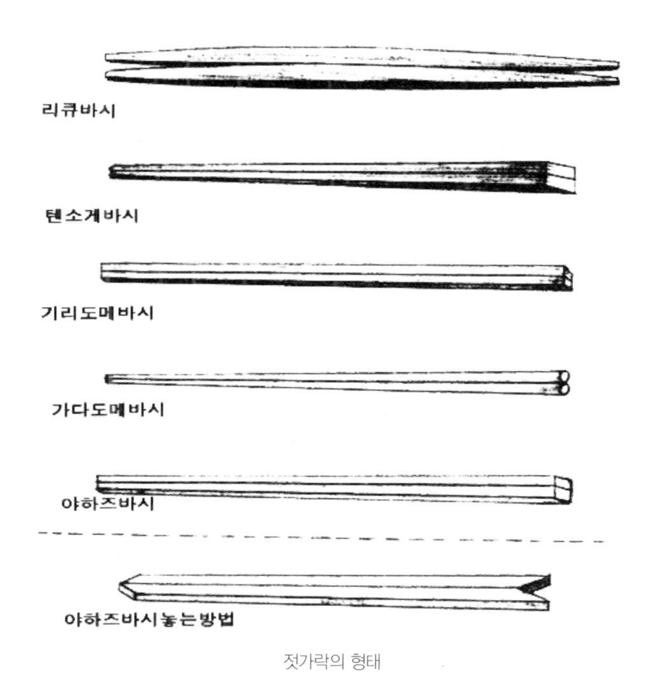

젓가락의 형태

(吉野杉)의 흰 부분으로 만든 가운데가 도톰하고 양쪽으로 갈수록 가늘어지는 각이 진 젓가락, 소위 리큐바시(利休箸)로 불리는 것을 고안한 것이 계기가 되었다. 버드나무나 노송나무는 한번 사용하고 버릴 수밖에 없지만 삼나무는 두 번 사용이 가능하며 사용하기 편리한 재질이다. 그래서 지금은 일반적으로 경사스러운 날 삼나무로 만든 젓가락을 주로 사용한다. 가운데가 도톰하고 양쪽 끝이 가는 젓가락(리큐바시)은 축의, 경사스러운 날 사용한다. 꼭대기 부분과 끝 부분을 깎아낸 야하즈바시

(矢筈箸)는 양쪽 끝으로 갈수록 가늘어지는 젓가락과 마찬가지로 일상적인 용도의 젓가락이다. 꼭대기 부분을 깎은 텐소게바시(天削箸)는 사각젓가락에 속한다.

대나무 젓가락은 오로지 가이세키 요리를 덜어먹는 젓가락으로만 사용하고 일반적으로는 사용하지 않는 것이 규칙이다. 최근 요리사진 등을 보면 색의 화려함 때문인지 청죽으로 된 젓가락을 함부로 사용하는데 그것은 잘못된 것으로 일반적으로 덜어먹는 젓가락은 삼나무젓가락으로 정해져 있다.

유파에 따라 차이는 있지만 예를 들어 우라센케(裏千家: 일본다도 유파의 하나)에서는 젓가락 가운데 마디가 있는 것은 구이용 젓가락으로 꼭대기 쪽에 마디가 있는 것은 시이자카나(기본 메뉴 이외의 안주)나 아즈케바치(간단한 안주) 등 술안주용 젓가락으로 마디가 없는 것은 어떤 음식을 덜 때 사용하든 상관없다.

덜어먹는 젓가락

일본의 식사형식은 원래 1인 1기가 원칙으로 행사 시 처음 대하는 밥공기와 맑은 국그릇, 그 밖의 모든 그릇은 각자 전용그릇을 이용하는 것이 약속이었다. 이는 일본 식사의 멋을 나타내는 것으로 지금도 정식에서는 약속처럼 되어 있다. 전용그릇을 사용하면 당연히 덜어먹는 젓가락이 필요 없기 때문에 본래 일본의 식사에서는 자신만 사용하는 전용 젓가락만 있었다. 일본의 식사에서 덜어먹는 젓가락(取り箸)이 등장한 것은 중국에서 싯포쿠(卓袱) 요리가 들어오면서부터다. 중국요리는 큰

접시 등을 사용해 음식을 한데 담는 것이 원칙이기 때문에 당연히 덜어먹는 젓가락이 필요하다. 중국요리의 영향으로부터 다인수의 접시 등이 함께 도입되어 더불어 덜어먹는 젓가락이 사용되게 되었다.

지금은 일상적으로 가족끼리 식사를 할 때도 여러 명의 음식을 함께 담아 낼 때는 덜어먹는 젓가락을 내는 경우가 많아졌는데 이는 어찌 보면 이상한 것이다. 혈육을 나눈 부모형제끼리의 식사에서 덜어먹는 젓가락은 필요하지 않으며 각자의 젓가락으로 직접 덜어먹는 것으로 충분하다. 가정 식사에서 덜어먹는 젓가락이 필요한 것은 절친한 손님을 초대해 여러 명의 음식을 한데 담아 낼 경우 손님을 대접하는 의미에서 덜어먹는 젓가락을 곁들이는 것이다. 덜어먹는 젓가락의 길이는 7치 5부(약 22.5센티미터)가 약속이며 참고로 각자 사용하는 젓가락은 8치 5부(약 25.5센티미터)가 기본 길이다.

젓가락 사용의 매너

최근에는 제대로 젓가락을 사용하는 젊은이들이 별로 없다. 젓가락 쥐는 법이 어딘가 부자연스러운 것은 젓가락 교육을 제대로 받지 못해 어쩔 수 없다 하더라도 젓가락케이스(箸袋: 젓가락을 싼 종이)를 다루는 것 하나를 놓고 보더라도 영 어색하다.

일본풍 좌식 테이블이라면 젓가락케이스에서 젓가락을 꺼낸 후 케이스를 테이블 우측 옆에 놓아야 한다. 젓가락받침대(箸置き)가 없을 경우 젓가락케이스를 작게 접어 젓가락받침대 대신

사용해도 좋지만 이는 음식을 내는 쪽의 책임이다. 젓가락받침대는 가장자리가 있는 상일 경우 필요 없다. 상의 가장자리가 젓가락받침대를 대신해 사용할 수 있기 때문이다. 좁은 공간에 불필요한 젓가락받침대를 놓음으로써 정신만 없어지고 깔끔하게 담은 요리의 인상이 죽어버린다. 젓가락받침대의 사이즈는 3~4센티미터 정도로 한다. 너무 큰 것은 보기 좋지 않다. 또 나무젓가락을 둘로 나누어 서로를 비비는 광경을 종종 보곤 하는데 보기 좋지 않으므로 부디 삼가기 바란다.

예로부터 '금기시되는 젓가락'이라고 하여 젓가락 사용에 있어 터부시하는 경우가 몇 가지 있었다. 예를 들어 앞쪽에 있는 음식을 건너뛰어 안쪽에 있는 음식에 젓가락을 갖다 대는 것, 어느 음식에 젓가락을 갖다 댈까 망설이는 것, 음식을 먹으면서 젓가락을 입으로 빠는 것, 젓가락으로 음식을 찔러먹는 것 등은 잘 알려져 있는 예다. 그밖에 반찬만 계속해서 먹는 것, 젓가락으로 음식을 휘저어 자신이 좋아하는 것만 골라먹는 것, 젓가락으로 그릇 등을 두드리며 장단을 맞추는 것, 식사 중에 젓가락으로 사람을 가리키는 것 등이 있다.

일본인의 일생은 젓가락으로 시작해 젓가락으로 끝난다고 한다. 생후 백일의 첫 젓가락질에서 시작해 임종 시 물을 입술에 적실 때까지 젓가락은 일생을 함께 한다. 이쯤에서 젓가락에 대해 다시 한 번 생각해볼 필요가 있을 듯하다.

요리는 제철 재료로

식재료의 계절

'식재료의 계절(旬)'이라는 것은 그 식재료가 가장 많이 출하되는 시기를 말한다. '순(旬)'은 시기적으로 식재료가 시장에 가장 많은 양이 출하되어 가격도 안정적이며 영양과 맛, 신선도가 가장 좋은 시기를 말한다.

일본요리 중에서 특히 차 요리를 제공할 때는 적절한 시기의 식재료를 사용하는 것이 원칙이다. 일본 열도는 동서로 길게 벚꽃 피는 선이 있고 가을 단풍이 붉게 물드는 서쪽에서 동쪽, 동쪽에서 서쪽으로 교차되고 있는데 고도로 발달된 현대의 수송 기술은 계절의 기간을 길게 만들어 큰 도시에서는 연중 언제라도 제 계절인 양 어떤 재료라도 구할 수 있다. 수송기술의 발달만이 아니고 하우스 재배와 보존기술의 발달도 계절을 느끼지 못하게 하는 데 한몫을 한다. 점점 제 계절의 감각이 사라져 이제 음식을 즐기는 쪽에서도 계절의 감동을 느끼지 못하고 있다 하겠다. 에도 시대 서민들 사이에서는 요즘의 금어기(禁漁期)처럼 법적으로 은어를 먹는 시기가 정해져 있었으며 채소도 먹어도 좋은 시기가 정해져 있었다. 따라서 금지령이 해제되고 최초로 먹는 식재료의 맛은 상상 이상으로 맛있게 느껴졌을 것이라고 생각된다. 일본인들은 자연의 주기를 느끼고 그 가운데 먹는 즐거움을 알고 있었던 것 같다.

계절 처음으로 출하되는 것과 채취 규제 해금 후 적은 양으로 나오는 것을 하시리(從り) 또는 하지메모노(初めもの)라고 하여 약간의 소금으로 간을 한 후 산뜻한 첫맛의 감격을 누렸다고 한다. 은어의 경우 6월 1일이 해금일(解禁日)이므로 첫 출하물을 소금구이하여 상품(上品)의 맛을 감상한다고 한다. 처음 출하된 다음 많은 양의 은어가 나오는 시기를 순(旬)이라고 하며 이때의 은어를 된장구이나 튀김으로 하여 먹으면 제 맛을 볼 수 있다. 제철이 지나고 9~10월이 되면 일년생인 은어는 생을 마감하는 계절이므로 맛이 떨어지는 시기라고 하여 오치아유(落鮎: おちあゆ)라고 부르며 은어조림 등 풍미가 강한 요리를 하게 된다. 이것을 나고리(名殘り)라고도 부른다.

하나의 생선을 가지고 이렇게 시기에 따라 하시리와 순, 나고리라고 하는 세 번의 시기를 가리키는 것이 바로 일본요리인 것이다. 그러나 요즘은 오치아유도 냉동보존의 기술로 인해 계절에 관계없이 사용하면서 옛날에는 상상도 할 수 없는 시기에 목격하게 되는데 계절을 가장 중요하게 여기는 보수적인 일본요리 조리사의 입장에서는 이제 요리의 계절이 없어 졌다는 사실에 괜히 숙연해지기도 한다.

우리가 처음 요리를 배울 때는 오직 제철에 나오는 식재료 이외에 다른 식재료는 상상할 수가 없었다. 옛날 요리는 그 지방의 생산물을 그 지방의 조리법으로 만들어 먹는 것이 기본으로 자연과 함께 공생하는 것이야말로 가장 좋은 조화라고 할 수 있었다.

제철 음식이란?

오래전부터 '제철 재료'라는 말을 흔히 듣는다. '제철 음식을 소중하게', '맛있는 음식을 저렴하게 먹으려면 제철에 나는 재료를 구입해야 한다', '제철 음식이 건강에 가장 좋고 영양학적으로도 좋다' 등 TV나 잡지의 요리코너, 각종 요리 프로그램에서 상식처럼 제철 재료를 강조한다. 사실 좋은 환경에서 자란 제철 재료야말로 우리 건강에 도움을 줄 것이라 생각된다. 제철에 나는 재료를 왜 이렇게 강조하는지 뒤집어 생각해보면 지금은 예전에 비해 그만큼 더 제철 음식에 주의를 기울여야 하는 환경에 놓였다는 말이 될 것이다.

최근엔 고도로 발달한 수송수단이나 인공재배 기술의 보급

등으로 인해 계절을 초월하고 소비자의 대폭적인 접근이 가능해졌다. 옛날에는 상상할 수 없던 요리 재료의 제공이 이루어지고 있는 것이다. 제철 들판에서 재료가 재배되고 생산지 주변에서 소비되던 시대라면 그 지역 채소가게나 생선가게에 재료가 가장 많이 들어서는 시기가 곧 그 재료의 제철이었고, 따라서 제철 재료를 혼동할 일은 없었다. 그러나 인공재배가 요리 재료의 계절 감각을 둔화시키고 산지와 소비자의 직거래가 이루지면서 이중삼중 제철 재료가 만들어짐에 따라 제철 음식에 대한 혼란이 발생한 것이다.

제철을 나타내는 순(旬)은 원래 열흘을 의미하는 말이다. 사전적 의미로는 '어패류와 과일, 야채 등 계절의 식물이 가장 많이 나는 시기, 가장 숙성하는 시기, 가장 맛이 좋은 계절'로서 재료의 맛이 가장 좋은 열흘을 제철이라고 한다. 바꿔 말하면 요리 재료가 가장 맛있는 기간은 단 열흘뿐으로 그 이외에는 제철 재료가 아닌 셈이다. 그러나 보통 제철 재료라고 하면 그렇게 엄격하게 구분하지 않으며 소위 가장 많이 출하되는 시기라고 생각하면 된다. 그러나 가장 많이 출하되는 시기라고는 해도 수송수단의 발달로 인해 각지의 재료가 시장에 한데 모이는 현재로서는 그 재료가 생산되는 지역에 따라 가장 많이 나오는 시기가 다를 수도 있다. 일본의 경우 홋카이도(北海島)산과 규슈(九州)산은 6개월이나 차이가 난다. 6개월 전의 것과 7개월 후의 것이 한데 섞이는 것이므로 나름 제철의 맛을 갖고 있다면 어느 시기를 제철이라고 불러야 할지 혼동되는 것은 당연하다. 나아가 자연 재배와 달리 계절에 관계없이 비닐하우스에서 생산되는 인공재배를 생각하면 제철에 나는 재료를 올바르게 인식한다는 것은 프로 요리사에게도 어려운 문제일 것이다.

제철 음식은 변화한다.

일본은 지리상 남북으로 길어 우리나라 동해와 접하고 있는 일본 관서지방과 태평양과 접하고 있는 일본 관동지방은 기후 조건에서 큰 차이가 난다. 그 지리 조건의 차이가 동일한 재료이면서도 제철마다 차이를 만든다. 예를 들어 생선 중의 생선으로 귀하게 여겨지고 있는 도미를 보자. 도미의 본고장인 세토(瀨戶)의 바다에서는 11월부터 겨울까지 도미가 가장 맛있는 시기다. 그러나 일본에서 흔히 이야기하는 참도미(櫻鯛: 벚꽃이 필 무렵의 도미가 가장 맛이 좋고 인기 있다)는 이곳 세토 지방에서는 사실 다소 맛이 떨어지는 시기로 보리 수확을 할 무렵 산란 후의 도미가 잡히는데 이는 '보리짚 도미'라고 부를 정도로 맛이 떨어진다. 대신 우리나라 동해 근처 깊은 바다에서 자란 도미를 제철 음식으로 친다. 이처럼 제철 음식은 생산되는 지역에 따라 달라진다.

같은 지역이라도 그해 기후에 따라 제철 음식은 미묘하게 변화한다. 비교적 따뜻했던 해와 추웠던 해에 식물성 요리 재료의 출하시기가 달라지는 것처럼 어패류의 제철 재료도 온도 차이에 따라 상당히 달라진다. 예를 들어 "올해는 비가 적게 왔으니 맛있는 수박을 수확하겠구나."하고 말하기도 하는데 자세히 살펴보면 강수량의 많고 적음은 송이버섯 등의 버섯류에도 영향을 미친다. 이처럼 제철 재료는 그해 기후에 따라 변화하기 때문에 일정하다고 말할 수 없다.

제철 음식의 오해

보통 전복은 여름철 요리 재료로 생각한다. 그러나 전복의 종류에 따라 겨울이 제철인 것도 있다. 죽순의 경우도 마찬가지다. 상식적으로 죽순은 봄이 제철이지만 봄뿐만 아니라 가을이나 겨울에도 수확한다. 요릿집에서는 가을에 나는 죽순을 선호하며 겨울 죽순을 '첫물'이라 부르며 사용한다. 또 삼치의 한자를 살펴보면 '고기 어(魚)'변에 '봄 춘(春)'자를 써서 '鰆'로 쓰는데 이 때문에 봄을 의미하는 생선이라고 생각하기 쉽지만 실제 삼치가 맛있는 계절은 겨울이다.

게의 종류에는 찬물에서 자라는 것과 따뜻한 물에서 자라는 것이 있다. 한류(寒流)계 게는 섭씨 16도 이하의 해수에서 자라며 난류(暖流)계 게는 16도 이상의 해수에서 자라는데 털게(毛蟹)와 소라게는 한류계, 영덕대게(ズワイガニ)는 난류계다. 한류계 게는 11월부터 추운 시기까지를 제철이라고 하는데 난류계 게는 가을 초입부터 맛이 떨어진다. 그러나 바다참게의 제철은 일반적으로 11월부터 3월로 되어있다. 바다참게의 자원보호를 위해 마련된 해금기간이 그대로 제철에 적용되어 게의 맛과는 무관하게 제철이 결정되어버린 예다. 이처럼 제철 재료는 일반적으로 잘못 전해지고 있는 것이 많아 요리인은 물론

가정에서도 재차 확인해볼 필요가 있다.

요리에 따른 제철

4월에 출하되는 첫 가지는 조림요리에 쓸 때 가장 맛이 좋다. 일본 김치(香物) 종류의 소금 절임을 하려면 장마철 가지를 쓰고 가지구이를 할 경우에는 가을 가지가 맛있는 것처럼 같은 가지라 하더라도 조리법에 따라 맛있는 시기가 다르다.

농어를 예로 들어보면 소위 농어라고 불리는 성어는 6월에서 7월 사이가 가장 맛있다. 또 10월말부터는 농어에 지방이 많이 올라 국으로 끓이거나 쪄먹으면 매우 맛있다. 이때의 농어를 회로 먹으면 지방이 너무 많아 오히려 맛이 없으며 반대로 6~7월에 잡힌 농어는 지방이 적어 국으로 끓이기에 적합하지 않다.

이처럼 제철 재료란 어느 하나의 소재에 대한 획일적인 규칙이 아니라 조리법, 즉 그것을 어떠한 요리에 사용할 것인지에 따라 각기 다르게 정해져야 하는 것이다. 따라서 같은 가지나 농어를 사용하더라도 요리법과 시기에 따라 요리사가 제철재료에 대한 인식을 달리 해야 한다.

전문 요릿집의 제철

일반적으로 전문 요릿집에는 '요리는 20일 안에 내놓아야 한다.'는 규칙이 있다. 어느 하나의 요리 생명은 최소 20일로 그

기간을 넘겨 같은 것을 내놓아서는 안 된다는 뜻이다. 그와 동시에 또 하나 '제철 재료는 20일 전부터 사용하라.'는 규칙이 있다. 일반적으로 말하는 제철 재료는 보통 출하 20일 전부터 사용하기 시작해 그 사용기한은 20일로 한다는 뜻으로 소위 제철 재료가 나올 때 즈음이면 더 이상 사용하지 말라는 의미다. 제철 재료를 20일 전부터 사용하는 이유는 제대로 값을 받을 수 있기 때문이다. 물론 여기에는 전문가의 안목이 있어야 한다. 고객에게 보다 빠른 계절감을 제공해 계절의 전령사 노릇을 해야 된다는 말이다. 우리가 흔히 이야기하는 최고의 일본요리는 서민이 접할 수 없을 정도로 비싸다는 말도 여기서 기인한 것이다. 제철 20일 전에 나오는 소량의 식재료는 가격면에서 가장 비싼 시기가 아니겠는가? 그러나 우리 일반 가정에서 흔히 사용하는 재료로 음식을 만들어서는 제값을 받을 수 없기 때문에 재료가 가장 많이 출하되는 시기를 선택할 수 없는 것이다.

두 번째 이유는 소위 재료가 가장 많이 출하될 때는 재료가 너무 숙성되어 맛의 개성이 지나치기 때문이다. 이를 사용해 요리를 만들면 다른 요리의 맛에 영향을 미치게 되어 각각의 메뉴가 제 역할을 하지 못한다는 것이다. 이런 이유에서 제철보다 이른 재료가 맛을 유지하는 경우가 많으며 맛의 흐름을 그대로 전달할 수 있다는 점에서 최고의 재료라 할 수 있다.

제철보다 이른 재료를 사용하는 이유로 교토 궁중요리 문화의 영향도 간과할 수 없다. 교토에서 성행한 궁중 문화는 격심

한 노동에 의존한 것이 아니라 일종의 지적 문화로 불리는 것이었다. 육체적인 소비가 적은 지적 생활에 에너지원으로서의 음식은 그다지 필요하지 않았으며 오랜 세월 그러한 식생활에 익숙해져 있는 궁중 계급은 치아의 발육이 다소 좋지 않아 필연적으로 부드러운 음식을 선호하였다. 요리 재료에서 보통 부드러운 것은 미숙하고 성숙한 것은 열매가 너무 많이 들어있다. 따라서 교토를 중심으로 한 관서지방에서는 미숙한 재료가 환영 받는 경향이 있어 관서지방의 요릿집에서는 제철 이전의 미숙한 재료를 앞서 사용하는 습관이 시작되었다

첫물과 끝물

보통 처음 나오는 첫물은 일반적으로 제철 이전의 재료를 말한다. 그런데 요릿집에서는 제철 20일 전부터 사용하기 때문에 일반적으로 말하는 첫물은 요릿집에서 말하는 제철 재료를 말한다. 따라서 격이 있는 고급 요릿집에서는 첫물만을 사용하는데 겨울 죽순 등이 바로 이러한 첫물을 말한다.

첫물이라는 것은 제철에 들어간 가장 이른 것을 의미한다. 예로부터 '처음 나오는 것을 먹으면 장수한다.'고 하여 상당히 진귀한 것으로 여겼는데 요릿집의 제철 재료가 일반 제철 재료보다 20일 앞선다면 요릿집의 제철 재료는 일반적인 제철 재료다 상당히 앞선다는 뜻이 된다. 일반적으로 요릿집에서 제철에 처음 나온 재료를 사용했다고 해서 "이것은 첫물을 재료로 한

것입니다."라고 말하지 않는다. 그러나 "올해 처음 나온 것으로 만들었으니 한번 드셔보세요."라고 말하면서 손님에게 권하면 비싼 돈을 지불하면서도 기꺼이 받아들이기 때문에 요릿집 입장에서는 여기 주력할 수밖에 없다.

제철에서 한참 벗어난 재료를 흔히 '나고리(名殘: 이별한 뒤에도 마음에 그 모습이나 인상이 남아 있음)'라고 부르며 사용한다. 나고리는 자가이세키 요리에서 말하는 마지막 모습에서 따온 말이다. 말은 갖다 붙이기 나름이라지만 이 또한 요릿집의 기지가 돋보이는 대목으로 요리의 필수조건이라 할 수 있는 재미와 유머의 마음까지 엿보인다.

자가이세키에서는 10월을 마지막 달이라고 하여 아쉬움을 달래는 마음으로 대접하는 것이 약속처럼 되어 있다. 11월의 폐로(閉爐)를 앞두고 5월부터 계속 지핀 풍로를 아쉬워하며 그 때까지 사용한 푸른 대나무젓가락을 치우고 색 바랜 모습을 '흰 젓가락'이라 칭하며 사용했는데 이는 일 년 동안 신세를 진 낡은 차에 대해 아쉬움을 표현하는 의식이기도 하다.

요리에서도 봄에 캔 토란을 '마지막 토란'이라고 하여 요릿집에서 자주 사용한다. 사실 계절은 한참 벗어나 있지만 "작년 토란에 대한 아쉬움입니다."라고 말하며 내놓으면 그 나름의 멋이 있다. 유자는 1월 15일이 끝물로 이것을 쌀겨에 재워 보존해 놓았다가 산초새순과 함께 곁들여 먹으면서 아쉬움을 달랜다. 또 단풍이 들 때 내놓는 소위 가을 갯장어도 아쉬움을 달래는 끝물 장어다.

일본인이 가장 좋아하는 도미

행운의 기원, 도미

사람은 무인(武人), 생선은 도미(鯛)

일본은 사면이 바다로 생선을 주식처럼 식탁에 올리지만 일본인들은 그중에서 가장 밝고 빨간색이 짙은 도미를 좋아한다. 일본의 역사와 문화를 다룬 많은 책에서도 '인간은 태어나면 장군(武士), 집을 지을 때 사용하는 서까래와 기둥은 히노키(檜の木), 생선은 도미'라고 설명하고 있으며 제각기 입에 맞는 생선이 있겠지만 도미를 최상으로 여기는 것에 대해서는 이견이 없다.

또 『풍속문선(風俗文選)』에는 '혼례라든가 연회의 높은 상 위

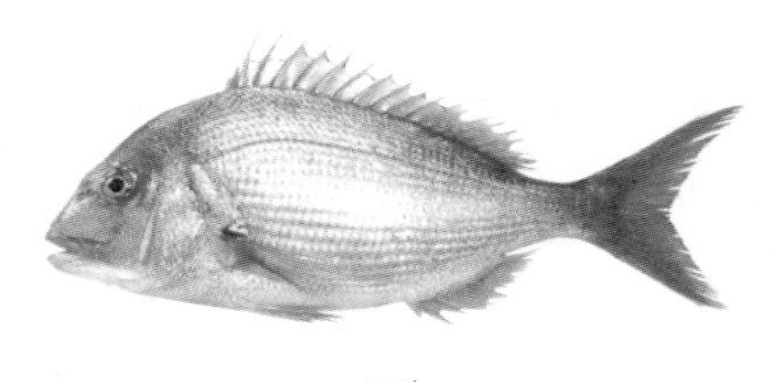
도미

에 고운 색의 끈으로 장식된 도미의 위풍당당함은 다른 무엇과도 비교할 수 없다.'라고 적혀 있으며 '상해서 냄새가 나도 역시 도미'라 할 정도로 일본인들은 도미를 선호한다. 그러나 프랑스나 중국에서는 귀한 생선으로 취급받지 못해 도미를 요리에 사용하는 일이 없다. 도미가 일본에서 '바다 생선의 왕'으로 칭송받는 이유는 무엇일까?

일설에는 '메데타이(めでたい: 축하)'의 '타이'가 도미의 일본어 발음과 같아 그렇다는 설도 있으나 다소 억지인 것 같고 역시 도미의 형태와 색, 맛의 삼박자가 일본인의 취향과 맞기 때문인 것 같다. 일본은 사계절의 변화가 뚜렷하며 좁고 복잡한 지형으로 되어있는 데다 작열하는 여름도 있고 혹한도 있다. 또 봄과 가을은 온난하며 연간 강우량이 많은 섬나라다. 이러한 기후와 환경 속에 오랜 세월 살다보면 도미를 좋아하는 것을 누구나 자연스럽게 여기지 않을까?

수컷 도미와 암컷 도미

일본요리에서 도미는 축하하는 연회 자리에서는 없어서는 안 될 음식 재료다. 예를 들어 결혼식 피로연 등에서 장식대에 두 마리의 도미를 서로 마주보도록 놓고 마끈이나 오색끈으로 둘러 장식하는데 그것이 '가케다이(懸鯛)'다.

두 마리의 도미는 수컷과 암컷인데 보통 신선도가 좋은 활도미(活け鯛)를 그대로 장식하지만 구운 도미를 사용하는 경우도 있다. 물론 수컷 도미와 암컷 도미의 구별은 전문가도 구분하기 어려우므로 그냥 두 마리를 가리켜 암수 도미라고 가정하는 것이다. 도미를 놓는 법은 수컷 도미를 신랑 쪽에, 암컷 도미를 신부 쪽에 놓는 것이 약속이다. 한 마리의 도미를 사용하는 경우도 있다. 이 경우 머리와 꼬리 부분에 마(麻)를 걸고 머리 부분에 마로 꽃을 만들어 장식하고 꼬리는 종이로 접어 감싼다. 이렇게 준비한 도미를 머리는 왼쪽, 배는 앞쪽으로 해서 올려놓는다.

가케다이는 아니지만 산 도미회를 큰 쟁반 위에 담는 경우도 있다. 이때는 접시별로 수컷 도미와 암컷 도미를 나눠 담는다. 수컷 도미는 칼을 직각으로 넣어 당기듯이 썰고 담을 때는 도미의 꼬리지느러미보다 머리 쪽을 세워 가슴지느러미를 꼿꼿이 세운 모습으로 담는다. 이에 비해 암컷 도미는 칼을 비스듬히 세워 부드럽게 저미듯 썬다. 수컷 도미가 겉보기에 화려하므로 축하연에서는 보통 수컷을 사용한다.

그밖에 정월 니라미다이(睨み鯛)도 있다. 큰 접시 위에 도미구이를 올리는데 이것은 먹어서는 안 되는 장식용 도미다. 이 장식용 도미는 하객들 앞에 접시 그대로 옮겨진 다음 요리에 사용하지 않은 젓가락으로 도미를 살짝 찌르도록 한다. 일종의 행운을 나눠 갖는 행위로 이것을 하지 않으면 '남의 집 잔치에

와서 도미에 젓가락도 찌르지 않는다.'는 말을 듣는다. 이처럼 도미를 행운의 상징으로 여기는 풍습은 일본인의 생활 속에 널리 뿌리내리고 있어 때로는 거의 신앙적인 모습까지 보인다.

벚꽃 피는 봄철이 도미의 제철

도미의 산란은 지방에 따라 다소 차이가 있으나 대체로 3월에서 5월이며 산란을 앞둔 도미는 바다 깊숙한 곳에서 연안으로 올라온다. 몸의 색깔은 한층 선명해져 벚꽃 색으로 변한다. 이때 도미의 맛이 가장 좋다. 벚꽃이 피는 계절의 도미를 사쿠라다이(櫻鯛), 혹은 하나미다이(花見鯛)라고 부르는데 이런 호칭은 도미의 제철을 한 마디로 표현하는 것이다. 원래 도미는 일년 내내 맛이 좋아 다른 생선처럼 맛의 변화가 그리 크지 않지만 벚꽃이 피는 봄이 도미가 가장 맛있는 시기이다. 산란이 끝나면 도미의 맛은 다소 떨어진다. 종족 유지를 위해 정력을 다 소비하고 체력이 떨어지기 때문이다. 그래도 도미는 다른 생선에 비해 맛의 차이가 그리 크지 않다.

이 시기는 보리를 거둬들이는 초여름에 해당되기 때문에 무기와라다이(麦藁鯛)라고도 부른다. 맛이 보릿짚처럼 퍼석퍼석하다는 의미이기도 하다. 우리나라와 인접한 동해 쪽에서는 일본보다 계절이 다소 늦기 때문인지 무기와라다이를 맛있는 것으로 친다. 이 역시 지역의 기후 조건에 따라 제철 재료가 달라지는 예다. 일반적으로 도미는 육지로 둘러싸여 물살이 빠른 해안이나 해류가 빠른 해협에서 잡힌 것이 맛이 좋다.

일품일종의 약속

일본요리에는 하나의 식단 안에 한 가지 재료로 하나의 요리만 만든다는 약속이 있다. 동일한 재료로 회나 구이를 만들어서는 안 된다. 이를 '일품일종'이라고 한다. 그러나 도미만은 예외다. 도미의 부위를 바꿔 사용한다면 몇 가지 요리를 만들어도 상관없다. 예를 들어 가이세키 요리에서 상 맞은편에 놓이는 요리로 도미 등살을 이용한 회를 내고 완모리에는 도미 머리를 이용한 맑은 국, 술안주로 도미껍질과 성게무침을 내는 식이다. 이는 도미가 하나도 버릴 데 없이 사용할 수 있는 소재이기 때문으로 하나의 재료로만 식단을 꾸미는 일색 요리는 도미에만 허용되는 것이 정식이다.

도미를 사용한 요리는 실로 다양하다. 날것을 회로 먹어도 좋고 조려 먹어도 좋고 구워 먹어도 좋다. 진정한 일색요리의 원조라고 할 수 있다.

우선 도미회를 보자. 도미회는 얇게 저미는 것이 기본이다. 비스듬히 얇게 저며 널찍하게 자르는데 최근에는 살이 너무 두꺼워진 느낌이 든다. 흔히 '눈 아래 한 척의 도미'라는 말을 하는데 이는 눈 옆에서 꼬리 부분까지 약 한 척(약 33센티미터)이 되는 도미를 말한다. 이렇게 큰 도미는 장식용으로는 좋지만 회로는 살이 질겨 적합하지 않다.

물살이 거친 날 도미는 무서운 표정을 짓는다고 한다. 이것은 오랜 세월 도미를 다뤄온 사람들이 느끼는 것으로 도미가 무서운 얼굴을 하고 있으면 곧 바다가 거칠어진다는 얘기다. 이런 날 잡힌 도미를 회로 할 때는 얇게 저며서 썬다. 파도 물살에도 몸이 단단해지기 때문이다. 이러한 차원에서 보면 파도 물살이 거친 외양에서 잡은 것보다 일본 근해에서 잡은 도미가 맛있음을 알 수 있다.

도미를 사용한 요리 중 한 가지만 예로 들면 도미 순무조림(鯛蕪煮)이 있다. 큼지막하게 썬 순무를 쌀뜨물에서 7분 정도 데친 후 술을 좀 넣은 간장소스에 넣고 끓어오르지 않도록 조린다. 미리 소금 간을 해 놓은 도미를 뜨거운 물로 씻어 순무와 함께 넣고 종이뚜껑(紙蓋)을 닫아 은근한 불에서 다시 조린다. 담을 때는 따로 데쳐 놓은 파란 채소(青身)와 함께 곁들여 조림 국물을 끼얹고 유자를 얹어 대접한다. 반드시 주의해야 할 것은 도미를 조림 냄비에 넣은 후부터 그릇에 담기까지 불을 꺼서는 안 된다. 불을 끄면 비린내가 나기 때문이다. 이는 도미 순무조림뿐만 아니라 도미조림 전체에 해당되는 말이므로 반드시 기억해두기 바란다.

도미의 형태를 최대한 살려서 담는 스가타모리

스가타모리(姿盛り)란 원래 도미와 잉어에만 사용된다. 머리와 꼬리를 그대로 남기고 등살과 뱃살을 회로 떠서 얹거나 구워서 얹는데 생선을 배 모양으로 보이게 하는 요리로 도미의 형태를 최대한 살린 것이다.

최근에는 모형 배를 만들어 거기에 여러 가지 생선회를 담고 후나모리(舟盛り)라고 부르는데 그건 진짜 후나모리가 아니

도미를 이용한 구이요리
(축하용 선물로 많이 사용된다.)

다. 일종의 눈속임으로 재미 차원에서 그렇게 하는 것은 이해하겠지만 요리인 입장에서도 그러한 배경을 염두에 두었으면 하는 바람이다. 또 '이케모리'라고 해서 입을 뻐끔뻐끔 움직일 정도로 살아 있는 도미를 자신감 있게 내놓는 경우가 있는데 그것은 살아 있다는 말을 갖다 붙인 스가타모리다. 하지만 이런 요리는 오히려 기분을 좋지 않게 만들어 식욕을 떨어뜨릴 수 있다. 요리라는 것은 모름지기 절도를 지켜야 한다.

구운 도미를 담을 때는 반드시 여뀌잎을 곁들인다. 이것은 하나의 약속이다. 참고로 교토에서는 도미를 통째로 담지 않는다. 왜냐하면 소금이 뿌려져 들어오기 때문이다. 소금을 뿌린 도미의 표면은 선홍색 빛이 사라져 보기에도 좋지 않다.

후나모리를 한 도미는 다 먹은 후 남은 뼈를 구워서 실곤약과 대파, 두부를 넣고 맑게 끓여 먹는다. 도미이기 때문에 가능한 요리다.

관동초밥과 관서초밥

관동초밥

관동초밥(江戸前鮨: 에도마에스시)에는 세 가지 이키(いき)가 필요하다. 주재료로 좋은 신선도의 이키(生), 세련된 미와 멋이 느껴지는 정경의 이키(粹), 그리고 초밥을 만드는 조리사의 자긍심의 이키(意氣)가 그것이다. 일본 초밥의 역사는 생각보다 꽤 길다. 문헌적으로도 아득한 나라조(奈良朝) 시대까지 거슬러 올라가게 된다. 그러나 생선초밥의 기원이 되는 시점은 에도(江戸) 시대다. 그것도 이에쓰(家康)가 새로운 정부를 세우고 약 200년 지난 후다. 생선초밥을 에도마에스시(江戸前鮨)라고 하지만 이 에도마에(江戸前)의 어원에 대해서는 확실하지 않다. 그냥 에

도 앞(前)의 넓은 바다에서 잡은 신선한 생선을 이용하여 만든 초밥이라고 하는 데서 유래하지 않았나 추측한다. 당시 초밥에 사용된 생선의 수는 많지 않았으며 2~3회 정도 잘라먹어야 할 정도로 크기도 컸던 것으로 보인다.

생선의 신선도

생선초밥은 에도에서 만들어진 음식으로 세련된 멋을 느낄 수 없으면 관동초밥이라 할 수 없다. 제철의 신선한 생선으로 빠르게 손질해 준비해야 하며 초밥에 사용할 밥은 너무 달지 않게 식초와 설탕, 소금으로 간을 해놓는다. 초밥을 만들 때도 가능하면 생선이 손에 머무는 시간을 최대한 짧게 하여 형태를 만든다.

생선초밥은 손으로 승부

관서초밥의 경우는 사각으로 된 상자를 이용하기도 하고 가제행주로 말아 둥근 형태를 만드는 방법을 사용하나 생선초밥의 경우에는 두 손으로만 만든다. 각종 생선의 기초 손질과 준비, 생선초밥에 맞게 자르는 등 좌측 인지부터 새끼손가락까지 손가락 네 개의 역할이 크다. 또 초밥을 만들 때는 이 네 손가락 위에서 모양을 형성하기 때문에 생선의 크기, 밥의 양과 폭,

길이가 잘 어울리게 해야 한다. 이 네 개의 손가락 위에서 초밥이 부드럽게 만들어질 때 맛있는 초밥이 된다.

바로 먹는 것이 최상의 맛

관서초밥은 만든 다음 몇 시간 두었다 먹는 것이 한결 맛이 좋지만 관동의 생선초밥은 만든 즉시 먹어야 최고의 맛을 즐길 수 있다. 초밥을 입에 넣었을 때 밥이 금방 흩어져야 하며 너무 꾹꾹 주물러 입 안에 넣어도 형태가 흩어지지 않으면 초밥의 맛을 제대로 느낄 수 없다. 초밥의 온도도 중요한데 우리 체온과 유사한 36±2℃ 정도의 온기가 필요하다. 초밥의 밥이 너무 차면 밥과 설탕, 식초, 소금으로 이루어진 성분이 서로 분리되어 형태가 만들어지지 않으며 완성된 초밥의 맛을 음미할 때도 우리 체온과 유사한 온도에서 가장 좋은 맛을 느낄 수 있기 때문이다.

신선함이 생명

생선초밥은 적은 수의 조림으로 익힌 재료와 등 푸른 생선 같은 신선한 상태의 생선으로 만들어지므로 어패류의 신선도가 가장 중요하다. 또 신선한 생선을 구입하는 것은 물론이거니와 이를 손질하고 초밥을 만드는 일련의 과정이 신속하게 이루어지도록 해야 한다. 생선초밥은 생선과 양념, 식초가 어우러져 교묘한 맛의 조화를 이루는 요리이며 주재료인 생선을 자를 때 사용하는 칼의 사용방법이 생선초밥 기술의 전체라고 볼 수도 있다.

생선초밥을 잘랐을 때 일본요리의 상징인 날카로움이 살아 있다면 생선의 신선함과 조리사의 솜씨가 한층 돋보일 것이다.

초밥에 사용되는 밥과 생선의 조화

관서초밥은 주재료와 밥이 하나로 뭉쳐지는 경우가 있으나 관동의 생선초밥은 밥을 입에 넣었을 때 생선의 맛이 바로 혀에 전해지고 그다음 고추냉이의 톡 쏘는 신선함이 전해진다. 이어 식초와 설탕, 소금으로 이루어진 밥맛이 어우러져 하나의 맛 흐름이 이어지게 된다. 이렇게 하여 주재료인 생선과 밥의 개성이 각각 입안에서 조화로운 맛을 만들어낸다.

관서초밥

보관의 용이함과 종류의 다양함, 기술의 예술성

일본요리하면 회와 초밥을 가장 먼저 머리에 떠올릴 것이다. 또 초밥하면 먼저 관동의 생선초밥을 생각하지만 원래 관서 오사카(大板)의 상자초밥(箱子鮨), 교토의 고등어초밥(鯖鮨)이 일본의 대표적인 초밥이었다. 하지만 제2차 세계대전이 끝난 후 일본 전국에 몰아친 식량부족으로 인해 식량이 통제되기 시작하면서 이 흐름이 깨졌다. 업무용으로 만들어지는 도시락에 생선초밥 다섯 개와 김초밥 다섯 개를 일인분으로 정해 그 이상의 양은 판매와 제조가 금지되었기 때문에 관서에까지 생선초밥이 침투하게 되었다. 당시 태평양전쟁 전 관서지방에는 거의 90퍼센트가 상자초밥이었다고 하니 지금은 그 비율이 역전되어 실로 아이러니하다고 할 수 있다. 이런 배경으로 인해 에도마에보다 오랜 역사와 전통을 가진 관서초밥은 더욱 가치가 있는 것이 아닌가 한다.

관서초밥의 핵심은 상자초밥과 봉초밥(棒鮨)처럼 만들고 하루 정도 두어 최고의 숙성된 맛을 만들어내는 데 있으며 생선과 야채의 균형, 소금과 식초의 이용, 불을 이용한 조림요리, 여유 있게 시간을 이용해 소재 본래의 맛을 살리는 요리다. 신선한 어패류를 다양하게 사용해 즉석에서 만들어내는 관동 생선초밥의 특징이 화려함과 신속함이라면 관서초밥의 특징은 최고의 맛을 창조하는 데 있다고 하겠다. 관동초밥에는 상자초밥과 봉초밥처럼 숙성된 맛 등의 여유가 없다. 이는 유구한 역사의 흐름을 지닌 관서의 문화와 관동 문화의 차이에서 비롯된 것이 아닌가 생각한다.

또 상자초밥과 봉초밥, 찜초밥(蒸鮨), 말이초밥(巻鮨) 등 여러 종류의 초밥이 있다는 점은 생선초밥과 김초밥이 주가 되는 관동초밥과 비교되며 만드는 방법에서도 차이가 난다. 사실 만드는 기술을 빼놓고 관서초밥을 이야기 할 수 없다. 주재료의 신선함으로 승부하는 관동초밥, 그리고 기술로 승부하는 관서초밥이라 간단히 말할 수 있겠다.

주방장의 조건

주방의 서열

주방(廚房)에서 조리하는 사람들을 이타마에(板前)라고 부르게 된 건 에도시대에 들어서면서부터다. 이타마에란 '칼을 사용하는 도마가 있는 장소(俎板場) 앞에 있는 사람'이라는 의미로 주방에서 조리하는 사람 중 가장 윗자리에 있는 사람, 가장 높은 사람에 대한 호칭이다. 즉 소위 주방의 우두머리라고 할 수 있다. 그래서 오야지(親: おやじ) 또는 오야지상(親様: おやじさん)이라고 부른다. 즉 아버지의 의미를 가지고 있다. 하지만 주방에서 일하는 사람들의 계급 서열은 엄격하기로 유명해 군대 이상의 무서운 상하 서열이 존재한다. 앞서 이야기한 것처럼 주방

장을 자기 아버지 이상으로 무서워하고 존경했으며 우상이 되기도 하였다. 궁극적으로는 많은 조리사들의 목표가 주방장이 되는 것이기도 하다. 그러나 더러 독선적이고 막무가내인 주방장이 있어 이를 폄하하는 사람들도 많다. 독선적인 조직에 대한 불편함을 이야기하는 것인지도 모른다.

과거에는 주방이 조리 장인으로서 요리 솜씨를 갈고 닦는 장소였으며 엄격한 수업을 쌓는 장이기도 했다. 그곳에는 엄연히 서열이 존재했으며 계급 제도에 따른 복잡한 인간관계를 배경으로 모든 기술을 습득하려면 오랜 세월이 필요했다. 사실 관서와 관동의 주방조직 체계는 많이 다른데 구분 없이 대략 적어보면 다음과 같다.

주방장(板前) → 주방장보조(脇板) → 조림담당(煮方) → 구이담당(焼き方) → 구이준비담당(焼き方控え) → 그릇닦기담당(洗い方: 재료의 기초준비 포함) → 잡일담당(追い回し)

주방장은 주방의 최고책임자로 주방에서 만들어지는 요리에 대해 모든 책임을 지며 싱(眞), 혹은 혼이타(本板)라고도 불렀다. 주방장보조는 주방장의 보좌역으로 구이담당이나 조림담당을 지도하며 실력으로는 주방장과 동등하다. 주방장보조를 뜻하는 일본어 '와키이타(脇板)'의 와키(脇)는 주방장 옆에 있는 사람을 의미한다. 지금의 주방장은 주방에 서서 일을 하지만 예전에는 그림(다음)에서 보는 것처럼 도마 앞에 앉은 채로 일을 했다.

도마 옆에는 물을 담아놓은 통이 있고 국자로 물을 푸면서 칼을 휘둘렀는데 앉은 자세에서 일을 하기 때문에 옆에서 재료를 옮겨주거나 완성된 요리를 그릇에 옮기는 것을 도와주는 사람이 필요했다. 이것이 주방장보조의 본래 업무였다.

출처: 『魚類精進速見獻立帳』

아래 그림에는 조림을 하는 조림담당이 보인다. 그 보좌역으로 조림보조가 있다. 왼쪽에서 간을 보는 쪽이 조림담당, 불을 피우는 사람이 조림보조다. 조림담당은 문자 그대로 조림을 하는 사람이다. 조림을 담당할 수 있기까지 약 15년이 걸리며 조림담당이 되어야 비로소 한 사람의 요리사로 대우받는다. 조림담당은 니가타(煮方) 또는 다테나베(立鍋)라고도 부른다. 조림은 조리 단계에서 상당히 손이 많이 가는 요리다. 예를 들어 미림(味淋)을 끓여 알코올 성분을 날리는 등 보조적인 일은 조림보조의 몫이다. 조림보조를 와키나베(脇鍋)라고도 한다.

구이담당은 주로 구이를 한다. 조리법만 놓고 보면 구이가 조림보다 어렵지만 서열로는 조림 쪽이 위다. 구이는 요리의 종류가 한정되어 있고 하나의 식단 안에서 구이는 비교적 초반에 결정되므로 변경하는 일이 적다. 그에 비해 조림은 식단 전체를 내용적으로 완결시키기 때문에 요리 자체를 충분히 감안해 변경하는 일도 많고 임기응변의 조치가 필요하다. 그만큼 요리 전체에 대한 소양이 필요하므로 격으로 말한다면 구이보다 조림이 위가 되는 것이다. 구이보조는 구이의 보좌역으로 수업 중인 사람을 골라 공부를 시킨다.

그릇닦기는 그릇을 넣고 꺼내는 일, 장식물을 다루는 다치아라이(立洗い)와 그릇과 재료를 씻는 등 밑 준비를 하는 시타아라이(下洗い)로 나뉜다. 서열로 보면 다치아라이가 위다. 일반적으로 재료 밑준비를 하는 것으로 수업을 시작해 2~3년간 그릇 닦는 일을 담당한다.

잡일담당은 요리사 수업의 제1단계로 심부름이나 주방 청소, 사들인 재료를 옮기는 등 허드렛일을 주로 한다. 늘 지시만 받으며 이리저리 휘둘린다는 의미에서 오이마와시(追い回し)라고 부르기도 하며 시타짓코(下地っ子: 장차 게이샤로 키우기 위해 유예를 배우게 하는 소녀)라고도 한다.

그밖에 스케이타(助板)와 아즈카리(預かり)라는 역할도 있다. 이 둘은 모두 주방장을 도와주는 조력자를 말한다. 예를 들어 일시적으로 많은 양의 요리를 만들 경우 가게 종사자만으로는 손이 모자라 솜씨를 인정받은 요리사를 임시로 고용하는데 이 사람들이 스케이타다. 스케이타는 주방의 서열 속에 포함되지 않고 실력적으로 주방장과 동급으로 취급받는다. 아즈카리는

가게 주인이 친하게 지내는 사람의 자식을 맡아 요리를 가르치는 경우다. 아즈카리는 잡일담당이나 그릇닦기 등의 단계를 순서대로 밟아가며 수업하는 것이 아니라 어디까지나 전체적인 예비자로 수업을 시키는 것이 보통이다. 본격적인 수업이 아니라 그 아이의 부모에게 실례를 하지 않을 정도로 요리사로서의 기술이나 마음가짐을 대략적으로 가르치는 것이다.

지금은 요리사도 회사원처럼 되어 계급 제도가 무너지고 조림담당이나 구이담당의 구별도 없어 한 사람이 동시에 몇 가지 일을 겸하고 있다. 기술적인 부분도 사라졌기 때문인지 주방장만 1번이라 부르고 주방장보조나 조림담당, 구이담당 등을 일괄적으로 2번이라 부르는 경우도 있다. 또 태평양전쟁 이전의 오사카에서처럼 주방의 선후배 구별을 중시해서 이치로(一郎), 지로(二郎), 사부로(三郎), 시로(四郎)와 같은 호칭을 사용하는 경우도 있다.

주방의 하루

전문 요릿집의 주방에서 가장 일찍 움직이기 시작하는 사람은 잡일담당이다. 잡일담당은 아침 일찍 일어나 우선 사들인 짐 바구니를 정리한다. 그리고 주인으로부터 그날 물품 목록을 받고 이를 옮겨 적는다. 구입한 재료의 목록은 주인이 그날의 식단을 머릿속에 그려 결정한 것이기 때문에 정확하게 적어 주방장, 조림담당, 구이담당, 그리고 밑 준비하는 사람의 용도로 총 4부를 만들어 각자 전달한다.

주인을 따라 재료 구입에 나서는 것은 아침 5시. 시장에 도착해서 주인은 재료를 고르고 잡일담당에게 오늘 살 물건을 지시한 후 가게로 돌아온다. 잡일담당은 지시대로 재료를 구입한 후 가게로 돌아와 바로 가게 청소에 들어간다. 청소가 끝나면 밑 준비를 시작한다. 오전 8시부터 9시까지 주방장 이하 전원이 주방에 모여 밑 준비를 하고 아침식사를 하는 것이 9시 반. 주인은 오전 10시 경 주방에 들어선다. 곧 재료의 밑 준비가 시작된다. 잡일 담당이 나눠준 메모를 보고 각각 밑 준비를 하는데 보통 오후 4시 정도에 일단락되며 이쯤 늦은 점심을 먹는다.

과거 주방 사람들은 '밥과 세수는 팔반시(八半時)'라는 말을 많이 썼다. 일시(一時)가 2시간이므로 8분의 1은 15분 정도 되는데 밥과 세수는 그 사이에 마친다는 뜻이다. 천천히 여유를 부릴 수 없는 것이다. 점심이 끝나면 종류별로 그릇을 꺼내는데 이 작업은 어느 식기가 어느 상자 안에 있는지 잘 알고 있는 중거(仲居: 손님을 접대하거나 잔심부름을 하는 여성)나 주방장 등의 입회 하에 주로 그릇닦기가 한다. 이어 현관이나 방을 준비한다. 이 모든 과정이 끝나는 게 오후 5시 반. 손님 맞을 준비를 마치고 나면 다함께 기를 넣기 위해 차를 마신다. "자, 오늘도 열심히 합시다!"라는 의미다.

주방장은 손님 앞에 얼굴을 드러내지 않는다.

주방과 손님 객실이 따로 떨어져 있는 전문 요릿집에서 조리사는 손님 앞에 얼굴을 내밀지 않는다. 전문 요릿집에서 손님과 대등하게 마주할 수 있는 사람은 주인뿐이다. 최근에는 주방장이 굳이 이유를 만들어 얼굴을 내밀고 싶어 하는데 조리사는 어디까지나 안쪽에 있는 존재임을 충분히 이해하기 바란다.

가게 주인이 방에서 손님을 맞고 있고 주방장이 직접 요리를 들고 나오는 경우도 있다. 옛날에는 이러한 경우에도 주방장이 방 입구 맞은편에서 인사만 할 뿐 절대 방 안까지 들어오지 않았다. 요리를 손님 앞까지 옮기는 것은 중거의 몫이다. 하지만 가끔 주인이 주방장을 방으로 불러들이는 경우가 있는데 이것은 손님과 주방장을 만나게 함으로써 예의를 가르치려는 의도다. 방으로 들어오라는 주인의 말이 있으면 주방장은 입구 맞은편에서 작업복을 벗고 방으로 들어온다. 주인으로부터 손님의 소개를 받으면 주방장은 우선 손님에게 "잘 부탁드립니다."라는 인사를 드리고 자신의 이름을 밝힌다. 인사 후 자신의 이름을 밝히는 것이 매우 중요한 부분으로 인사도 하지 않고 자신의 이름부터 밝히는 것은 예의가 아니다.

손님이 돌아갈 때도 주방장은 손님과 얼굴을 마주하지 않는다. 그러나 가게에 따라서는 중거 등과 함께 현관 옆에서 손님을 배웅한다. 이때 손님에 따라 주방장에게 팁을 주는 경우가 있다. "오늘 음식은 정말 맛있었습니다."라는 의미다. 팁을 받은 주방장은 손님이 돌아간 후 그것을 주인에게 건넨다. 그러면 주인은 다음에 손님이 다시 찾았을 때 그 금액 이상의 선물을 들려 보내 답을 한다. 그 답례를 보고 손님은 예의바른 가게라는 인식을 갖게 되며 주방장은 주인의 호의로 인해 손님과 연결고리가 생겼음을 감사하게 되어 모두 좋은 방향으로 흐르게 된다. 손님에게 받은 팁을 감추고 말하지 않는 주방장은 앞길이 순탄하지 않다.

다네노코시에서 볼 수 있는 조리사의 의지

식단이 정해지고 재료를 준비할 때 옛날에는 필요 분량의 30퍼센트 이상을 더 준비했다. 그리고 요리를 만들 때 증량분을 따로 남겨두었다. 이것을 '다네노코시(種残し)'라고 한다. 다네노코시는 보조식단(脇献立)을 만드는 데 사용한다. 보조식단이란 정식 식단 외에 예비로 만들어놓는 것으로 갑자기 손님이 늘어난 경우를 위한 것이다. 보조식단의 메뉴는 즙을 이용한 조림이나 닭이나 꿩 등을 곱게 다져 김을 이용하여 튀기는 쓰쿠네 이소베야키(つくね磯部焼き)와 같은 종류인데 전문요릿집에서는 이것으로 꽤 유용하게 임기응변적 처치가 가능하다. 갑자기 나타난 손님이 없으면 내일의 식단에 잘 어울리게 구성한다.

사실 이 남은 재료를 얼마나 잘 이용하는지가 요리사의 솜씨를 보여줄 수 있는 부분이다. 필요 없으니 버리겠다는 조리

사는 훌륭한 요리사가 될 수 없다. 불행히 다음 날 손님이 오지 않으면 어떻게 할 것인가? 남은 재료로 세련된 요리를 만들어 한동안 찾아오지 않은 손님 집에 인사 차 가지고 간다거나 할 수도 있다. 이를 계기로 다시 손님을 끄는 요리(客引きの料理)가 될 수도 있는 것이다. 이처럼 요리사는 어떠한 것이든 함부로 버리지 않겠다는 마음가짐과 근성을 갖추어야 한다.

출생지와 교육

요리는 조리기술뿐만 아니라 만든 음식을 그릇에 담아 손님 앞에 놓였을 때 손님이 맛있다고 느껴야 비로소 완성된다. 요리 전체를 100으로 본다면 그중 30퍼센트가 요리재료를 포함한 조리기술이고, 나머지 70퍼센트가 그릇이나 담는 기술을 포함한 주방장의 교양이다. 흔히 칼을 다루는 기술이라고 하는데 이는 칼의 기술만 이야기하는 것이 아니고 교양이 뒷받침된 솜씨를 말한다.

흔히 주방장에게 필요한 것은 '출생지와 교육'이라고 말한다. 출생지란 처음 수업에 들어간 가게의 '격'이며 교육이란 그 가게에서의 훈련과정이다. 좋은 가게란 역사가 있는 유서 깊은 가게다. 이런 곳에서는 좋은 재료를 사용하기 때문에 재료에 대한 안목을 배울 수 있으며 훌륭한 그릇을 접할 수 있는 기회도 많아 필연적으로 그릇을 감식할 수 있는 눈도 길러진다. 한편 가게 주인이나 조리사 등에 의한 교육은 당연히 엄격해 그만큼

숙달하는 데 걸리는 시간도 짧아진다.

좋은 가게 주인은 격이 높은 손님과 교류를 맺고 있어 손님과의 관계에 의해 '살아 있는 교양'을 몸에 익힐 수 있는 기회도 주어져 특별한 후원을 받을 수도 있다. 나중에 직접 가게를 차렸을 때 든든한 버팀목이 되어줄지도 모르는 일이다. 이처럼 '출생지와 교육'은 조리사와 거의 한평생 함께하는 것으로 노력만 한다고 해서 어떻게 되는 것이 아니다.

일본김치인 저장식 절임요리

일본요리에서 소홀히 할 수 없는 존재

전통적인 오이 절임

일본요리에서 일본 김치인 절임(漬け物)요리를 배제하고 이야기 할 수 없다. 지금과 같이 다양한 반찬으로 풍성해진 식탁에서는 절임이 주역은 될 수 없지만 밥과 된장국, 절임류의 1즙 1채의 식사가 일반적이었던 시절에는 이 절임류가 있느냐 없느냐에 따라 식사 분위기가 완전히 달라졌다. 있어도 그만 없어도 그만인 반찬처럼 여기지만 실제로는 없으면 안 될 정도의 무게감을 지닌 것이다.

일본 식문화사에서 절임은 아주 오랜 역사를 지니고 있다.

헤이안 시대에 완성된 『연희식(延喜式)』은 일본 고대 법령의 시행세칙을 기록한 법전으로 여기에는 절임(菹), 술지게미절임(糟漬け), 간장절임(醬漬け) 등 여러 가지 절임음식이 실려 있다. 주재료는 고사리와 미나리, 머위, 감제풀 등 봄채소에서부터 호박, 식용박, 순무, 무, 가지와 같이 현재에도 친숙한 재료에 이르기까지 다양하고 폭넓게 만들어지고 있다. 대부분 소금에 절이는데 소금의 양도 비교적 세세하게 기록하고 있다. 예를 들어 고사리의 경우에는 고사리 2석(石: 한 말의 10배)에 소금 한 말, 가지의 경우에는 가지 5석에 소금 3말과 같은 식이다. 이처럼 절임은 아주 오래전부터 있었던 것으로 발생의 기원 역시 소금의 이용에서 비롯되었을 것이다. 바닷물을 이용해 소금을 만드는 작업이 본격적으로 이루어지면서 소금을 이용하는 방법으로 소금 절임이 생겨난 것이다.

흔히 절임을 오신코(お新香) 또는 고노모노(香の物)라고 부른다. 이는 무로마치(室町) 시대에 나온 말로 고노모노라는 말의 의미를 둘러싸고 여러 설이 있는데 옛날에는 무에 향료를 넣어 절임을 만들었다 해서 그렇게 부르기도 하고, 혹은 여러 가지 향을 분별해내는 놀이로 인해 둔해진 후각을 원래대로 되돌리

는 데 무절임이 사용되었던 것에서 유래되었다고도 한다.

된장을 일컬어 옛날에는 향(香)이라고 해서 된장에 묻힌 것, 즉 고노모노라고 부른다는 설도 있다. 또 10년 정도 이후인 막부 말기 사람들의 풍속을 기록한 『수정만고(守貞漫稿)』라는 책에는 '고노모노란 모든 야채를 소금 혹은 된장, 혹은 술지게미 등에 절인 것을 말한다.'고 되어 있다. 소금절임, 술지게미절임, 누룩절임, 된장절임, 쌀겨절임, 누룩 발효물 등 절임류도 발전을 거듭하면서 종류가 매우 다양해졌지만 옛날에는 절임을 고노모노라고 부르는 것이 거의 일반화되어 있었던 것 같다.

절임의 꽃, 단무지

절임하면 단무지(擇庵)를 빼놓을 수 없다. 일본요리에서 말린 무를 쌀겨와 소금으로 절인 단무지는 모든 반찬의 근본을 이룬다 해도 과언이 아니다. '백 개의 나라(옛날 일본은 각 지방이 저마다 독립되어 있어 나라라고 불렀다)가 있으면 백 개의 단무지가 있다.'고 할 정도로 일본 각지에서는 여러 가지 맛의 단무지가 만들어지고 있다.

에도시대 후기에 나온 절임에 관한 전문서 『漬物塩嘉言』에서는 단무지 절임을 다음과 같이 만든다고 적혀 있다.

> 좋은 무를 골라 흙을 깨끗이 씻고 볕이 잘 드는 곳을 택해 14~15일 혹은 20일 정도 말리는데 밤에는 서리 등을 맞

지 않도록 주의하면서 작은 주름이 생길 때까지 말린다. 한 통의 분량은 겨와 소금을 합해 1두 정도이나 무의 대소에 따라 차이가 있다. 무 50~60개 혹은 100개, 쌀겨 7되와 소금 3되를 잘 섞어 통 바닥에 무 한 겹을 깔고 한 단 한 단 쌀겨를 뿌리면서 재워 나간다. 누름돌은 무거운 것이 좋다. 물이 가득 잠기는 것을 적당하다고 보는데 그보다 누름돌을 다소 작은 것으로 해서 소금물이 넘치지 않도록 자작하게 담는다.

다쿠안(たくあん)이라는 이름은 '다쿠아에즈케(蓄え漬け)'가 와전된 것으로 보는 것이 정확하며 천재지변이 많은 나라인 일본에서 어떤 일이 발생했을 때 비상식량으로 무를 보존해놓았던 것, 즉 저장을 위한 절임이 본래 모습이다.

단무지 절임에는 대량의 쌀겨가 필요한데 이때 쌀겨는 정미할 때 생기는 것이다. 정미 기술이 좋아진 지금은 쌀겨를 얻는 것이 그다지 어려운 일이 아니지만 삼부타작 혹은 오부타작, 고작해야 칠부타작을 했던 에도시대에는 쌀겨를 얻는 일이 매우 어려워 값이 비쌌다. 더구나 쌀밥을 주식으로 한 식사가 어느 정도 계급이 있는 사람들에게 한정되어 있었던 시대임을 감안하면 그 값어치는 더욱 높아져 단무지 절임 그 자체도 고가의 음식이었다.

이러한 사정을 비추어볼 때 단무지 절임은 절임류의 꽃이라고 할 수 있어 지금도 자가이세키 요리 등에서 유즈케(湯漬け:

뜨거운 물에 밥을 말아 먹는 것)의 고노모노 중 한 가지는 반드시 단무지를 내도록 되어 있다. 또 요릿집의 정찬요리인 가이세키 요리에서도 몇 가지 종류의 절임류를 곁들이는데 이때에도 반드시 단무지 절임이 포함된다.

여러 가지 절임요리

절임을 전문으로 하는 조리사

관동지방과 관서지방의 요리 맛에는 차이가 있다고들 한다. 이는 근저에 문화의 차이가 깔려 있기 때문으로 절임에 있어서도 차이는 존재한다. 관동, 관서라고는 하지만 이것은 도쿄 근교 지방과 교토 근교 지방의 차이를 말하는 것이다. 교토 근교는 매우 협소한 지역이다. 이 좁은 땅에 많은 사람들이 모여 살고 있기 때문에 집도 땅도 좁을 수밖에 없다. 좁은 집에는 절임을 담가 놓아 둘 장소가 없기 때문에 교토에서는 각 집마다 절임을 담가 먹는 습관이 없다. 이는 예나 지금이나 마찬가지로 교토 사람들에게는 '절임은 만들어 파는 곳에 가서 사 먹는 것'이라는 인식이 강하다.

한편 도쿄에서는 얼마 전까지만 해도 어느 집에서든 절임 한 종류 정도는 직접 만들어 먹었다. 그래서 쌀겨와 된장에는 계절에 맞는 야채가 끊임없이 담가져 있었다. 도쿄 사람들이 절임을 사먹을 때는 각지의 특산품이라든지 오래된 점포의 명물을 찾는 것이 대부분이었다. 이러한 차이가 절임에 대한 생각을 다르게 만들었다고 할 수 있다. 즉 교토에서는 절임을 고가의 음식으로 취급하고 도쿄에서는 극히 평범한 음식의 하나로 인식하고 있다.

그러한 이유 때문이기도 하겠지만 교토의 요릿집에서는 직접 절임을 담그는 일이 없었다. 대신 절임을 전문으로 하는 요리사가 있었다. 그 가게의 요리에는 관여하지 않고 단지 절임만 만들어주는 절임 전문가의 모습은 교토에서는 그리 낯선 것이 아니며 그들은 절임을 만드는 데 소질이 없는 교토의 요릿집을 전전하며 자신들의 기술을 제공하고 다녔다.

일본요리에서 절임이 차지하는 위치

요릿집의 요리는 식단에 따라 만들어진 것으로 소위 일품요리가 아니다. 식단의 흐름 속에 절임이 비집고 들어갈 여지는 없으며 요릿집에서 절임음식을 내는 것은 두 번째 자리에서다. 한 차례 메뉴대로 요리를 다 먹은 다음 자리를 옮겨 술을 즐기는 상대로 절임이 등장한다. 두 번째 자리에서는 주로 주연이므로 당연히 요리는 술안주다. 예를 들어 꼬치구이와 더불어 큰

접시에 채소절임이 담겨져 나온다. 10월경에는 단무지에 배추 소금 절임, 백오이의 나라즈케(奈良漬け: 술지게미절임), 오이나 가지의 쌀겨절임(糠漬け), 차조절임(紫葉漬け)이나 채 썬 쐐기풀, 여기에 식초에 절인 생강 등을 곁들여 적어도 5~6종류의 절임이 나온다.

첫 번째 자리에서 어느 정도 뱃속을 채운 다음 술과 함께 먹는 절임은 실로 세련된 술안주가 된다. 흔히 "절임음식으로 돈을 받을 수 있는 가게가 되어라."는 말이 있는데 메뉴에 들어가지 않는 절임으로 돈을 받을 수 있다는 것은 대단한 일이다. 따라서 "그까짓 절임쯤이야." 하면서 우습게 볼 일이 아니다. 오히려 요릿집의 세심한 배려를 여실히 보여준다는 점에서 절임의 본맛에 숨어 있는 기술이 바로 그 요릿집의 전체를 대변한다 해도 과언이 아닐 것이다.

절임음식을 그릇에 담기

절임요리는 다채로운 색깔을 갖고 있다. 노란색(단무지절임, 겨자절임, 국화절임), 흰색(무, 순무, 배추 등의 소금절임), 녹색(순무잎이나 갓), 보라색(가지), 적색(매실초절임, 생강초절임) 갈색(된장절임, 술지게미절임, 묵은절임) 등이 있는데 이러한 색조가 절임음식을 담을 때 하나의 포인트가 된다.

어떤 그릇에 어떤 것을 담는다는 규칙은 따로 없지만 시선을 끄는 색은 보라색이며 화려함은 주로 적색으로 나타내고 녹

색은 풍성함을 표현한다고 기억해두면 멋지게 색을 배치할 수 있을 것이다.

절임요리 중에서 가장 중심이 되는 게 단무지절임(擇庵)이다. 보통은 껍질을 벗겨 사각 막대기 모양으로 잘라 그릇에 담는데 손님에 따라서는 채를 썰어 생강 등의 다른 양념을 첨가하고 일본 김치로 내놓기도 한다. 우선 단무지의 위치를 정하고 이후에 다른 것을 담는데 단무지는 노란색이므로 다른 겨자절임 등 노란색이 들어간 절임류를 담을 때는 공간을 띄우고 담는 것이 하나의 약속이다.

절임은 자르는 방법에 따라 여러 형태가 나온다. 그 형태를 동일한 방향으로 담아서는 안 된다. 이는 회를 담을 때와 동일한 것으로 방향을 바꿔 변화를 주는 것이다. 또 고저를 달리함으로써 입체감을 연출하는 것도 중요하다. 맛에 있어서는 단맛의 절임류를 많이 넣지 않는 것이 좋고 술지게미절임이나 된장절임과 같이 향이 강한 것은 다른 요리에 향이 배지 않도록 미리 사용여부를 결정한다.

절임을 담는 그릇은 차가운 느낌의 사기 그릇보다는 따뜻한 느낌의 도기가 잘 어울린다. 그리고 접시보다는 약간 들어간 그릇이 담기 편하고 보기에도 좋다. 그릇 주변에는 여백을 많이 두어 절임과 여백을 대략 7:3의 비율로 담으면 깔끔하면서 풍성해 보인다.

예로부터 '고노모노는 앞 접시 없이'라고 해서 절임에는 앞접시를 놓지 않는 것이 규칙이며 각자 빈 그릇에 덜어 먹는다.

그런데 최근에는 현대인의 취향에 맞춰 큰 접시에 담긴 요리를 각자 떠서 먹는 것이 아니라 작은 접시에 일인분씩 담아 내 한 사람씩 자기 분량을 먹도록 배려하는 곳이 많다. 개인위생을 중요시하는 현대인의 단면이기는 하나 뭔가 가족처럼 느끼는 유대감은 떨어지지 않나 하는 생각이 든다.

일본요리의 역사

펴낸날 초판 1쇄 2012년 7월 13일
초판 2쇄 2018년 4월 16일

지은이 박병학
펴낸이 심만수
펴낸곳 (주)살림출판사
출판등록 1989년 11월 1일 제9-210호

주소 경기도 파주시 광인사길 30
전화 031-955-1350 팩스 031-624-1356
홈페이지 http://www.sallimbooks.com
이메일 book@sallimbooks.com

ISBN 978-89-522-1914-5 04080
978-89-522-0096-9 04080(세트)

089 커피 이야기

eBook

김성윤(조선일보 기자)

커피는 일상을 영위하는 데 꼭 필요한 현대인의 생필품이 되어 버렸다. 중독성 있는 향, 마실수록 감미로운 쓴맛, 각성효과, 마음의 평화까지 제공하는 커피. 이 책에서 저자는 커피의 발견에 얽힌 이야기를 통해 그 기원을 설명한다. 커피의 문화사뿐만 아니라 커피에 대한 일반적인 정보 및 오해에 대해서도 쉽고 재미있게 소개한다.

021 색채의 상징, 색채의 심리

박영수(테마역사문화연구원 원장)

색채의 상징을 과학적으로 설명한 책. 색채의 이면에 숨어 있는 과학적 원리를 깨우쳐 주고 색채가 인간의 심리에 어떤 작용을 하는지를 여러 가지 분야의 사례를 통해 설명한다. 저자는 색에는 나름대로의 독특한 상징이 숨어 있으며, 성격에 따라 선호하는 색채도 다르다고 말한다.

001 미국의 좌파와 우파

eBook

이주영(건국대 사학과 명예교수)

진보와 보수 세력의 변천사를 통해 미국의 정치와 사회 그리고 문화가 어떻게 형성되고 변해왔는지를 추적한 책. 건국 초기의 자유방임주의가 경제위기의 상황에서 진보-좌파 세력의 득세로 이어진 과정, 민주당과 공화당의 대립과 갈등, '제2의 미국혁명'으로 일컬어지는 극우파의 성장 배경 등이 자연스럽게 서술된다.

002 미국의 정체성 10가지 코드로 미국을 말하다

eBook

김형인(한국외대 연구교수)

개인주의, 자유의 예찬, 평등주의, 법치주의, 다문화주의, 청교도 정신, 개척 정신, 실용주의, 과학 · 기술에 대한 신뢰, 미래지향성과 직설적 표현 등 10가지 코드를 통해 미국인의 정체성과 신념을 추적한 책. 미국인의 가치관과 정신이 어떠한 과정을 통해서 형성되고 변천되어 왔는지를 보여 준다.

058 중국의 문화코드

강진석(한국외대 연구교수)

중국의 핵심적인 문화코드를 통해 중국인의 과거와 현재, 문명의 형성 배경과 다양한 문화 양상을 조명한 책. 이 책은 중국인의 대표적인 기질이 어떠한 역사적 맥락에서 형성되었는지 주목한다. 또한, 구체적이고 실제적인 여러 사물과 사례를 중심으로 중국인의 사유방식에 대해 설명해 주고 있다.

057 중국의 정체성

eBook

강준영(한국외대 중국어과 교수)

중국, 중국인을 우리는 과연 어떻게 이해해야 하나? 우리 겨레의 역사와 직 · 간접적으로 끊임없이 영향을 주고받은 중국, 그러면서도 아직까지 그들의 속내를 자신 있게 말할 수 없는, 한편으로는 신비스럽고, 한편으로는 종잡을 수 없는 중국인에 대한 정체성을 명쾌하게 정리한 책.

015 오리엔탈리즘의 역사

eBook

정진농(부산대 영문과 교수)

동양인에 대한 서양인의 오만한 사고와 의식에 준엄한 항의를 했던 에드워드 사이드의 오리엔탈리즘. 이 책은 에드워드 사이드의 이론 해설에 머무르지 않고 진정한 오리엔탈리즘의 출발점과 그 과정, 그리고 현재와 미래의 조망까지 아우른다. 또한 오리엔탈리즘이 사이드가 발굴해 낸 새로운 개념이 결코 아님을 역설한다.

186 일본의 정체성

eBook

김필동(세명대 일어일문학과 교수)

일본인의 의식세계와 오늘의 일본을 만든 정신과 문화 등을 소개한 책. 일본인을 지배하는 이데올로기는 무엇이고 어떤 특징을 가지는지, 일본을 주목해야 하는 이유는 무엇인지 등이 서술된다. 일본인 행동양식의 특징과 토착적인 사상, 일본사회의 문화적 전통의 실체에 대한 분석을 통해 일본의 정체성을 체계적으로 살펴보고 있다.

261 노블레스 오블리주 세상을 비추는 기부의 역사

예종석(한양대 경영학과 교수)

프랑스어로 '높은 사회적 신분에 상응하는 도덕적 의무'를 뜻하는 노블레스 오블리주. 고대 그리스부터 현대까지 이어지고 있는 노블레스 오블리주의 역사 및 미국과 우리나라의 기부 문화를 살펴보고, 새로운 시대정신으로 노블레스 오블리주를 부활시킬 수 있는 가능성을 모색해 본다.

396 치명적인 금융위기, 왜 유독 대한민국인가 eBook

오형규(한국경제신문 논설위원)

이 책은 전 세계적인 금융 리스크의 증가 현상을 살펴보는 동시에 유달리 위기에 취약한 대한민국 경제의 문제를 진단한다. 금융안정망 구축 방안과 같은 실용적인 경제정책에서부터 개개인이 기억해야 할 대비법까지 제시해 주는 이 책을 통해 현대사회의 뉴노멀이 되어 버린 금융위기에서 살아남는 방법을 확인해 보자.

400 불안사회 대한민국, 복지가 해답인가 eBook

신광영 (중앙대 사회학과 교수)

대한민국 사회의 미래를 위해서 복지는 선택이 아니라 필수라고 말하는 책. 이를 위해 경제 위기, 사회해체, 저출산 고령화, 공동체 붕괴 등 불안사회 대한민국이 안고 있는 수많은 리스크를 진단한다. 저자는 사회적 위험에 대응하기 위한 복지 제도야말로 국민 모두의 삶의 질을 높일 수 있는 길이라는 것을 역설한다.

380 기후변화 이야기 eBook

이유진(녹색연합 기후에너지 정책위원)

이 책은 기후변화라는 위기의 시대를 살면서 우리가 알아야 할 기본지식을 소개한다. 저자는 기후변화와 관련된 핵심 쟁점들을 모두 정리하는 동시에 우리가 행동해야 할 실천적인 대안을 제시한다. 이를 통해 독자들은 기후변화 시대를 사는 우리가 무엇을 해야 할 것인지에 대하여 생각해 볼 수 있을 것이다.

eBook 표시가 되어있는 도서는 전자책으로 구매가 가능합니다.

001 미국의 좌파와 우파 | 이주영
002 미국의 정체성 | 김형인 eBook
003 마이너리티 역사 | 손영호
004 두 얼굴을 가진 하나님 | 김형인
005 MD | 정욱식 eBook
006 반미 | 김진웅
007 영화로 보는 미국 | 김성곤 eBook
008 미국 뒤집어보기 | 장석정
009 미국 문화지도 | 장석정
010 미국 메모랜덤 | 최성일
015 오리엔탈리즘의 역사 | 정진농 eBook
021 색채의 상징, 색채의 심리 | 박영수
028 조폭의 계보 | 방성수
037 마피아의 계보 | 안혁
039 유대인 | 정성호 eBook
048 르 몽드 | 최연구 eBook
057 중국의 정체성 | 강준영 eBook
058 중국의 문화코드 | 강진석
060 화교 | 정성호 eBook
061 중국인의 금기 | 장범성
077 21세기 한국의 문화혁명 | 이정덕 eBook
078 사건으로 보는 한국의 정치변동 | 양길현 eBook
079 미국을 만든 사상들 | 정경희 eBook
080 한반도 시나리오 | 정욱식 eBook
081 미국인의 발견 | 우수근
083 법으로 보는 미국 | 채동배
084 미국 여성사 | 이창신 eBook
089 커피 이야기 | 김성윤 eBook
090 축구의 문화사 | 이은호
098 프랑스 문화와 상상력 | 박기현 eBook
119 올림픽의 숨은 이야기 | 장원재
136 학계의 금기를 찾아서 | 강성민 eBook
137 미 · 중 · 일 새로운 패권전략 | 우수근
142 크리스마스 | 이영제
160 지중해학 | 박상진
161 동북아시아 비핵지대 | 이삼성 외
186 일본의 정체성 | 김필동 eBook
190 한국과 일본 | 하우봉 eBook
217 문화콘텐츠란 무엇인가 | 최연구 eBook
222 자살 | 이진홍 eBook
223 성, 억압과 진보의 역사 | 윤가현 eBook
224 아파트의 문화사 | 박철수 eBook
227 한국 축구 발전사 | 김성원 eBook
228 월드컵의 위대한 전설들 | 서준형
229 월드컵의 강국들 | 심재희
231 일본의 이중권력, 쇼군과 천황 | 다카시로 고이치
235 20대의 정체성 | 정성호 eBook
236 중년의 사회학 | 정성호 eBook
237 인권 | 차병직 eBook
238 헌법재판 이야기 | 오호택 eBook
248 탈식민주의에 대한 성찰 | 박종성 eBook
261 노블레스 오블리주 | 예종석
262 미국인의 탄생 | 김진웅
279 한국인의 관계심리학 | 권수영
282 사르트르와 보부아르의 계약결혼 | 변광배
284 동유럽의 민족 분쟁 | 김철민
288 한미 FTA 후 직업의 미래 | 김준성 eBook
299 이케다 하야토 | 권혁기 eBook
300 박정희 | 김성진 eBook
301 리콴유 | 김성진 eBook
302 덩샤오핑 | 박형기 eBook
303 마거릿 대처 | 박동운 eBook
304 로널드 레이건 | 김형곤 eBook
305 셰이크 모하메드 | 최진영
306 유엔사무총장 | 김정태 eBook
312 글로벌 리더 | 백형찬
320 대통령의 탄생 | 조지형
321 대통령의 퇴임 이후 | 김형곤
322 미국의 대통령 선거 | 윤용희
323 프랑스 대통령 이야기 | 최연구
328 베이징 | 조창완
329 상하이 | 김윤희
330 홍콩 | 유영하
331 중화경제의 리더들 | 박형기
332 중국의 엘리트 | 주장환
333 중국의 소수민족 | 정재남
334 중국을 이해하는 9가지 관점 | 우수근
344 보수와 진보의 정신분석 | 김용신
345 저작권 | 김기태
357 미국의 총기 문화 | 손영호
358 표트르 대제 | 박지배
359 조지 워싱턴 | 김형곤
360 나폴레옹 | 서정복
361 비스마르크 | 김장수
362 모택동 | 김승일
363 러시아의 정체성 | 기연수
364 너는 시방 위험한 로봇이다 | 오은
365 발레리나를 꿈꾼 로봇 | 김선혁
366 로봇 선생님 가라사대 | 안동근
367 로봇 디자인의 숨겨진 규칙 | 구신애
368 로봇을 향한 열정, 일본 애니메이션 | 안병욱
378 데킬라 이야기 | 최명호 eBook
380 기후변화 이야기 | 이유진 eBook
385 이슬람 율법 | 공일주 eBook
390 법원 이야기 | 오호택 eBook
391 명예훼손이란 무엇인가 | 안상운
392 사법권의 독립 | 조지형
393 피해자학 강의 | 장규원 eBook
394 정보공개란 무엇인가 | 안상운 eBook
396 치명적인 금융위기, 왜 유독 대한민국인가 | 오형규 eBook
397 지방자치단체, 돈이 새고 있다 | 최인욱 eBook
398 스마트 위험사회가 온다 | 민경식 eBook
399 한반도 대재난, 대책은 있는가 | 이정직 eBook
400 불안사회 대한민국, 복지가 해답인가 | 신광영 eBook
401 21세기 대한민국 대외전략: 낭만적 평화란 없다 | 김기수 eBook
402 보이지 않는 위협, 종북주의 | 류현수 eBook
403 우리 헌법 이야기 | 오호택 eBook
405 문화생활과 문화주택 | 김용범 eBook
406 미래 주거의 대안 | 김세용 · 이재준 eBook
407 개방과 폐쇄의 딜레마, 북한의 이중적 경제 | 남성욱 · 정유석 eBook
408 연극과 영화를 통해 본 북한사회 | 민병욱 eBook
409 먹기 위한 개방, 살기 위한 핵외교 | 김계동 eBook
410 북한 정권 붕괴 가능성과 대비 | 전경주 eBook
411 북한을 움직이는 힘, 군부의 패권경쟁 | 이영훈 eBook
412 인민의 천국에서 벌어지는 인권유린 | 허만호 eBook
428 역사로 본 중국음식 | 신계숙 eBook
429 일본요리의 역사 | 박병학 eBook
430 한국의 음식문화 | 도현신 eBook
431 프랑스 음식문화 | 민혜련 eBook
438 개헌 이야기 | 오호택
443 국제 난민 이야기 | 김철민
447 브랜드를 알면 자동차가 보인다 | 김흥식 eBook
473 NLL을 말하다 | 이상철 eBook

(주)살림출판사
www.sallimbooks.com
주소 경기도 파주시 문발동 522-1 | 전화 031-955-1350 | 팩스 031-955-1355